EL EQUILIBRIO
NATURAL

La edición original de esta obra ha sido publicada en el Reino
Unido en 2016 por Frances Lincoln Limited, sello editorial
de Quarto Publishing Group, con el título

Cleanse, Nurture, Restore with Herbal Tea

Traducción del inglés Gemma Fors

Impreso en China
Depósito legal: B 23.993-2017
Códigos IBIC: WBXN

ISBN 978-84-16407-42-2

Las cinco mejores maneras de cuidar su cuerpo
Visite www.cincotintas.info para descargar
el contenido gratis con el código **equilibrio233**

EL EQUILIBRIO NATURAL

Tés, tisanas e infusiones para purificar y regenerar el organismo

Sebastian Pole

5 tintas

Contenido

Introducción

Bienvenido a *El equilibrio natural*, un libro lleno de recetas tentadoras repletas de los poderes de sanación de la naturaleza. Agradable a la vista, fácil de preparar y deliciosa, cada infusión reúne la sabiduría beneficiosa para la salud de nuestro reino vegetal. Por eso, si desea saber cómo mejorar su vida con unas simples mezclas de hierbas, tiene en sus manos el libro indicado. Con él, le pasearé por el mundo de las hierbas, le enseñaré algunas mezclas clásicas y alimentaré su incipiente entusiasmo con combinaciones más creativas.

La primera vez que experimenté el poder de las plantas fue a los dieciocho años. Viajaba por la India y sufrí una gastroenteritis. Un médico ayurvédico me preparó unos simples polvos con raíz de regaliz, raíz de hierba *shatavari* y mirobálano. Me alivió en cuestión de pocos días e inmediatamente quise saber por qué había funcionado la mezcla. Desde entonces me he pasado la vida estudiando las hierbas y compartiendo mis conocimientos e inspiración. Después de atender a miles de pacientes en mi clínica (y servir cientos de millones de tazas de té Pukka), me queda una sensación de gratitud por la alegría y el apoyo que las hierbas proporcionan a las personas.

Las plantas han ocupado el centro de la salud de los humanos desde siempre y parece que ahora estamos redescubriendo lo importantes que son para seguir viviendo bien. Nos ayudan a nutrirnos, limpiarnos, rejuvenecer y a que nuestro organismo se recupere, y pueden utilizarse tanto para mejorar la salud como para curarnos cuando nos encontramos mal; en otras palabras, son alimento y medicina. Sus propiedades beneficiosas son fáciles de aprovechar y una de mis maneras preferidas de hacerlo es preparando mezclas con hierbas y beberlas en infusión.

La historia de la medicina es en gran parte la historia de la medicina con hierbas. Si la vida humana fuera un reloj de 24 horas, las hierbas formarían una parte intrínseca de todas las tradiciones médicas 23 horas y 59 minutos. Imagine retroceder en el tiempo 10.000 años: viviríamos a merced de la naturaleza, y el cuidado y la protección de nuestros seres queridos ocuparía un lugar prioritario en nuestros quehaceres. Dependeríamos de los chamanes, curanderos y sabios con sus talismanes y hechizos, así como de brebajes y cataplasmas con hierbas, para curarnos de toda clase de afecciones. Y deberíamos comprender el mundo natural con el fin de conservar la salud. De la antigua tradición folclórica derivaron las grandes culturas de la medicina asiática, europea y americana, recopiladas por doctores famosos como Hipócrates, Galeno, Culpeper, Charaka, Sushruta, Huang Di y Li Shizhen para la medicina griega, europea, ayurvédica y china. Estos gigantes de la sanación natural recogieron la sabiduría folclórica en tradiciones científicas médicas codificadas y sistematizadas. Muchos elementos de estas tradiciones son tan profundos que, habiendo superado el ensayo clínico más largo y exitoso de la historia, siguen vigentes y aplicados por los herbolarios de hoy. El presente libro le enseñará cómo llevar la teoría a la práctica.

Desde que inauguré Pukka Herbs en 2001 con mi socio Tim Westwell, nos han colmado de respuestas positivas: a la gente le encanta tomar nuestros tés. Resulta asombroso poder dedicarse a hacer lo que a uno le gusta, pero es aún más especial que también guste a los demás. Nuestro objetivo es seguir sirviendo las mejores infusiones de hierbas con las mejores plantas. Queremos que estos tés sean tan buenos como los que servimos a los amigos y la familia –de hecho, muchos de los tés Pukka se han inspirado directamente en las mezclas inicialmente creadas para nuestros seres queridos–.

He gozado del privilegio de mezclar yo mismo todos los tés Pukka, y cada uno posee su historia: algunos han recibido influencia de mi trabajo en la clínica, otros son clásicos tradicionales y otros son simplemente para disfrutar de ellos. Elaborarlos para que los disfruten es una de las cosas más importantes que hago, y como ocurre cuando se desea hacer algo bien, debo plantearme muchas cosas: cómo obtener hierbas de la misma excelente calidad sin dejar de tener en cuenta la sostenibilidad a largo plazo; cómo hacer que sepan excepcionalmente bien; cómo conseguir que aporten el mejor beneficio para la salud, y cómo crear una sensación de satisfacción con cada taza.

He visitado cientos de granjas de cultivo ecológico a lo largo de estos años y una y otra vez he observado que la agricultura ecológica puede aportar beneficios inconmensurables para las personas, las plantas y el planeta. He viajado mucho para hallar las mejores hierbas. Y entre el jaleo y caos de la vida, me he inspirado y me han alentado granjas increíbles, agricultores entusiastas y hierbas excepcionales.

En mi clínica herborista, estas plantas transforman la vida de las personas proporcionándoles mayor vitalidad y paz. He visto a personas recuperar el aliento, el sueño y la energía. Estas transformaciones son el testimonio de la inteligencia de las plantas y nos demuestran que la medicina tradicional puede ayudarnos a equilibrar la salud y proseguir el viaje por la vida. Mi amplia experiencia personal con las hierbas me enseña a ser mejor persona: más consciente, más presente, más implicada. Como las hierbas ayudan a recuperar el equilibrio y superar el dolor, esencialmente aportan más felicidad al mundo, y siempre estoy dispuesto a tomar otra taza de felicidad.

Este es un libro para disfrutar. Existen decenas de hierbas que descubrir, un lenguaje de la naturaleza que aprender y un montón de satisfacción que experimentar. También se trata de un libro para tomárselo en serio, ya que hay que cerciorarse de que se hace un buen uso de las hierbas. Esto significa seguir las directrices del libro, además del propio instinto. Las hierbas son ingredientes poderosos que pueden cambiar el estado de ánimo. Les sacará el mayor partido si aplica su sabiduría interior, además del sentido común. Cuando vaya a preparar un té, piense si la cantidad indicada de cada hierba es la adecuada en su caso. Por ejemplo, las especias son picantes, de modo que en función de su gusto, puede ajustar la cantidad. Y utilice con precaución las hierbas para limpiar el organismo: le harán ir al baño, por lo que conviene estar preparado para ello. Explico los efectos de cada hierba en las recetas, pero recuerde que cada persona es diferente, así que debe aplicar también su buen juicio. Las recetas son para usarlas como base e ir adaptándolas a medida que crezca su confianza; ajústelas a sus gustos y necesidades.

Estas páginas iniciales son una introducción al mundo de las hierbas y le ayudarán a comprender sus múltiples beneficios. También tratan sobre el arte de crear una mezcla perfecta, contienen un glosario de términos útiles empleados a lo largo del libro y consejos sobre las dosis y cómo elaborar las recetas. Al final del libro (a partir de la página 211) encontrará un resumen sobre el ayurveda y consejos ayurvédicos. Puede leer todo el contenido de los apartados, hojearlos a placer o recurrir a ellos cuando le surja una duda o desee saber más cosas sobre los principios que intervienen en la preparación de una buena infusión.

El resto del libro se divide en capítulos que cubren las diferentes funciones y objetivos de los tés. Basándome en la medicina tradicional con hierbas y algunos principios del ayurveda, he incluido recetas de tés para casi cada necesidad, desde mejorar la digestión y dormir mejor hasta recuperar el atractivo. Piense en cada receta como una idea que puede adaptar según sus gustos o necesidades (ya sea por placer del sabor o para tratar una afección). Solo tiene que comprar, cultivar o recoger algunas de las hierbas, pesarlas como cualquier ingrediente, ponerlas en la tetera, añadir agua caliente y relajarse mientras se produce la magia. Al tiempo que las hierbas reposan, sus coloridos pigmentos, aceites esenciales aromáticos y otros ingredientes poderosos pasan al agua y crean algo especial: una infusión de delicias botánicas; una taza de té aromático increíble.

El lenguaje de las hierbas

El mundo de las hierbas es tan vasto como profundo. El uso de las hierbas es una parte integral de nuestra evolución y es, de hecho, la historia de la medicina humana. Si desea comprender las recetas a un nivel más profundo, más allá de verlas como «ingredientes con agua», aprender el lenguaje de las hierbas le descubrirá hechos fascinantes.

Uno de los atributos básicos del uso de hierbas es su facilidad de comprensión. Al basarse en diseños naturales, todo el lenguaje, los sistemas y principios de la medicina con hierbas nos resultan muy naturales. O lo serían si hubiéramos crecido cerca de la naturaleza... A falta de experiencia directa, un poco de teoría le ayudará con la práctica. Por eso, antes de entrar en materia, vamos a cubrir los aspectos básicos y los fundamentos para que aprenda el lenguaje de las hierbas y la manera en que pueden ayudarnos.

Si desea conseguir un resultado concreto, deberá saber qué planta, o qué combinación de plantas, propiciará dicho resultado, además de cómo y por qué puede funcionar. Una manera útil de comprender el funcionamiento de las plantas consiste en pensar en ellas desde tres perspectivas distintas. La primera es la visión natural: el hecho de que «funcionan» porque han evolucionado para beneficiarse a ellas mismas y a nosotros. La segunda es la visión fitoquímica: los compuestos químicos de las plantas inician una respuesta de curación en nosotros. La tercera es la energética: las plantas poseen propiedades reconocibles y características que tienen un efecto en nuestro organismo. Estos tres enfoques requieren formas completamente diferentes de pensar en las plantas, pero cada uno puede contribuir a una mejor apreciación de su funcionamiento.

La visión natural

Es la visión de que las hierbas son buenas para nosotros porque son buenas para ellas mismas. Imagine que es usted una planta, enraizada en un lugar e incapaz de moverse al enfrentarse a depredadores, tiempo adverso y microbios invasores. Rápidamente daría con la manera de defenderse o bien perecería. Esto es lo que han hecho las plantas. Desde que las primeras algas verdeazules o cianobacterias (como la espirulina) canalizaron la energía solar hace 2 billones de años, las plantas absorben la energía de la vida. Han utilizado esta energía para convertirse en musgos, helechos, hongos y –unos cientos de millones de años más tarde– en cientos de miles de especies con flor con capacidades para autoprotegerse. Del mismo modo que la resina que emana del tronco de un árbol herido es capaz de impedir la infección, muchas resinas vegetales son capaces de curarnos las heridas y mantener a raya las infecciones. Por esta razón, la mirra (resina de árbol) se consideraba en la Antigüedad el antibiótico más importante –a Jesús no le regalaron cualquier cosa.

Como los animales evolucionaron junto con el reino vegetal, ambos aprendieron a utilizarse mutuamente. Por ejemplo, un testimonio del éxito de esta relación evolutiva es que las plantas siempre han valorado las habilidades de los animales para esparcir sus semillas, mientras que los animales y los humanos son capaces de beneficiarse de las cualidades de curación natural de las plantas. Los primates y otros animales usan varias especies de hierbas para necesidades curativas específicas, conocen hierbas para el dolor de barriga, para tratar heridas, para el embarazo. Al aprender a recurrir a las propiedades innatas de la naturaleza, también aprendimos uno de los mayores secretos de la vida: las plantas ayudan a curar el cuerpo y la mente. Nuestra relación con las plantas es tan exitosa que la salud de nuestros sistemas cardiovascular, digestivo, inmune, respiratorio, nervioso, endocrino y psicológico depende en gran medida de las plantas. Nuestra manera de pensar, sentir, procrear y sanar recibe la influencia de las hierbas y plantas que comemos y bebemos. Las hierbas funcionan, de forma natural.

La visión fitoquímica

Las plantas han desarrollado compuestos procreativos y protectores –las sustancias fitoquímicas– que las ayudan a perpetuarse, además de protegerlas del ataque de innumerables microbios. Por ejemplo, nuestra buena amiga la menta ha desarrollado aceites esenciales poderosos para protegerse de invasiones fúngicas, mientras que la raíz de hierba mora mayor (*Withania somnifera*) produce compuestos parecidos a los esteroides que favorecen la fertilidad para esparcir sus semillas. La gran variedad de sustancias fitoquímicas que se hallan en las plantas medicinales se forman a

partir de solo unos cuantos elementos químicos. Los principales son el carbono, el hidrógeno y el oxígeno, además de otros como el nitrógeno o el sulfuro, y de vez en cuando iones metálicos (por ejemplo, magnesio, calcio o fósforo).

Lo más esencial, no obstante, radica en comprender que las plantas producen una gran cantidad de compuestos químicos que poseen efectos en el cuerpo humano y se clasifican como metabolitos secundarios. Son ejemplos de ellos la cafeína, los aceites esenciales, los antioxidantes y los esteroides. Estos compuestos naturales no son los carbohidratos, las proteínas o grasas primarios que nuestro organismo necesita, sino otras estructuras moleculares que si bien no son esenciales para la vida, sí son muy importantes para la misma. Las estructuras moleculares pueden considerarse como patrones de energía en una relación, que transportan información de la planta a nuestros receptores humanos y sistemas fisiológicos.

Gracias a los millones de años de historia evolutiva entre humanos y plantas, también podemos beneficiarnos de las sustancias fitoquímicas. Y se ha demostrado el funcionamiento de estas sustancias, ya que forman la base de cientos de fármacos. Algunos ejemplos conocidos incluyen la morfina, procedente del opio, y el taxol, procedente del tejo.

Resulta asombroso que algunas hierbas posean más de 1.000 compuestos fitoquímicos en niveles muy bajos de concentración. Dados los 10 millones de años de evolución humana, no es de sorprender que reaccionemos bien ante una amplia gama de sustancias fitoquímicas en pequeñas dosis. Si hay 1.000 compuestos en una planta y en el pasado seguíamos una dieta de unas 150 plantas (en comparación con las 20 de hoy), conocemos alrededor de 150.000 compuestos vegetales. Sin embargo, la medicina moderna no tiene precedentes en nuestra historia evolutiva, y mientras que una dosis elevada de medicina puede ser valiosa en caso de emergencia, las hierbas son medicinas que hacemos evolucionar a fin de utilizarlas para cuidarnos a diario.

La visión energética

Las especies vegetales poseen un carácter único que, como alguien a quien conocemos bien, les confiere una personalidad reconocible. Algunas aportan energía, otras tranquilizan y otras reparan. Esta comprensión del comportamiento de las plantas se denomina «energética de las hierbas» y hace referencia a la manera en que la planta nos afecta: ¿nos calienta o enfría la fiebre? ¿Hidrata la piel o seca la mucosidad nasal? ¿Nos rejuvenece o nos calma y nos ayuda a conciliar el sueño? La energética de las hierbas trata de cómo nos hace sentir la planta.

Para descubrir cómo nos hará sentir, no solo hay que saber lo que contiene, debemos saber «quién es». Y para descubrirlo, como un buen científico, debemos observar y aprender qué efecto provoca la planta. Experimente usted mismo y determine: algunas plantas son vívidas (mastique jengibre) y otras mucho más suaves (sorba infusión de manzanilla). Algunas nos despiertan el corazón (como una bonita rosa) y otras nos ponen felices (demasiadas para mencionarlas, pero la melisa y la albahaca sagrada pueden hacernos cantar de alegría).

Los sistemas de salud tradicionales (como el ayurveda) nos enseñan a abrir los sentidos y leer el lenguaje de la naturaleza. Nos ofrecen información sobre cómo interpretar las plantas y beneficiarnos de ellas. Por ejemplo, descubrir cómo se desarrollan las plantas en condiciones extremas puede revelar mucho acerca de sus propiedades beneficiosas para la salud. El *ginseng* es capaz de sobrevivir a inviernos crudos y también de darnos calor. El aloe vera prospera en el desierto y calma las quemaduras. La canela se encuentra a gusto en la selva húmeda y su calidez puede protegernos del clima húmedo y frío al aumentar la circulación en el organismo. Las dulces bayas de saúco viven en bosques húmedos y nos ayudan a conservar la salud en invierno limpiando la mucosidad pectoral y protegiéndonos de virus (de hecho, nos protege de más de 11 tipos de virus de la gripe).

Vale la pena recordar que en última instancia las plantas comparten la vida con nosotros y nosotros hemos desarrollado complejos sistemas fisiológicos y psicológicos para comprenderlas. Solo hay que abrir el corazón y la mente a los sentidos, para ver, oler, saborear, tocar y escuchar la vida.

Cuando se disponga a preparar estos tés y explorar las propiedades de las hierbas, dedique un tiempo a observar cómo le afectan las plantas y se abrirá todo un mundo ante usted. Algunos llaman a este mundo «fuerza vital» porque alberga el poder curativo innato de la naturaleza. En ayurveda, se denomina *prana*, en China es el *qi* y en la tradición europea se conoce como *vis medicatrix naturae* (el poder curativo de la naturaleza). En Japón, el concepto *shinrin-yoku* (que se traduce como «inspirar el aire del bosque» o «impregnarse del bosque») sugiere que estar en la naturaleza puede mejorar la salud. Existe todo un lenguaje entorno al estudio de las hierbas, uno que ya conoce en gran medida.

La doctrina de las signaturas es una idea apreciada por algunos expertos en hierbas. La desarrolló la medicina tradicional popular cuando se creía que el «creador» había dejado señales para que pudiéramos leer la naturaleza y comprender los efectos de las plantas en nuestro ser.

La doctrina de las signaturas

Según la doctrina de las signaturas, mediante la observación atenta se puede saber el uso de una planta a partir de algún aspecto de su forma, color o hábitat natural. Algunos estudiosos aprecian esta idea dado que, tanto si es cierta como si no (no *todos* los principios son ciertos *siempre*), es útil para recordar el poder de determinadas plantas. Existen muchos ejemplos de ello, a continuación menciono algunos de mis favoritos.

Por la forma

- Las nueces se parecen a un cerebro humano y resultan excelentes para favorecer la función cerebral (están repletas de ácidos grasos omega 3).
- El ajo presenta tallos huecos y es bueno para los trastornos respiratorios (posee potentes propiedades antimicrobianas).
- La raíz de jengibre recuerda la forma de un estómago y es uno de los tónicos digestivos naturales más efectivos, fomenta la asimilación de nutrientes y la eliminación de patógenos (microorganismos que causan la presencia de bacterias y virus) y combate las náuseas.
- La hoja de centella asiática se parece a una lámina cortada de un cerebro y presenta un largo historial de uso para mejorar la memoria. La fitoquímica ha demostrado que es capaz de mejorar la función cognitiva.
- La hoja de hipérico presenta multitud de perforaciones parecidas a poros en las hojas, y es útil para aplicarla en cortes o arañazos. También ayuda a disipar la tristeza.

Por el color

- Tradicionalmente se cree que las plantas con flores o raíces amarillas, como la flor de diente de león o la raíz de cúrcuma, son buenas para el hígado y para curar afecciones «amarillas», como la ictericia.
- Tradicionalmente se utilizaban plantas rojas, como la majuela o la remolacha, para trastornos del corazón y la sangre. Tanto la majuela como la remolacha son reconocidas ahora como tónicos cardíacos que fortalecen el flujo sanguíneo y la musculatura cardíaca.
- Las plantas con flores de tono blanco roto, como la flor de saúco y la milenrama, se consideran buenas para eliminar la mucosidad y otras secreciones.

Por el hábitat

El lugar donde crece una planta da pistas sobre la manera en que puede ayudarnos. Tomemos el sauce como ejemplo: prospera en prados húmedos e inundados y es bueno para la artritis, una enfermedad dolorosa que a menudo ocasiona la inflamación de las articulaciones exacerbada por la humedad. Las hierbas como el aloe vera y la hierba *shatavari* crecen en climas secos, hidratan y pueden ayudan a aliviar la sequedad en cualquier parte del cuerpo, mientras que las hierbas que crecen en climas húmedos como la raíz de elecampana (*Inula helenium*) y la corteza de sauce pueden ayudar a combatir la humedad que se asocia por ejemplo a la tos o la hinchazón artrítica. Las hierbas que crecen en climas fríos (como el *ginseng* y el rábano picante) pueden ayudar a calentarnos, mientras que las que crecen en climas cálidos (como el nim y el andrografis) nos ayudan a refrescarnos. Existen unas cuantas excepciones a esta norma, por lo que la doctrina de las signaturas es meramente una idea misteriosa y poética que nos ayuda a conectar con el carácter de una planta y nos recuerda qué efecto tiene.

Por el nombre

Además de la doctrina de las signaturas, resulta divertido analizar el nombre de las hierbas. Antes de la clasificación botánica formal de Linneo, las hierbas se conocían con diversos nombres en función de factores identificables como el sabor, el olor, la forma, la parte concreta de la planta, el hábitat, la historia o la parte de un animal (como el diente de león). Tanto si se trata de un antiguo nombre popular como en sánscrito o latín, probablemente siempre habrá una pista que indique las propiedades de la hierba o el sabor u olor que posee. Es un recordatorio de que los sentidos son primordiales en el desarrollo de la curación tradicional con hierbas. He aquí algunos de los mejores ejemplos.

Sabor El regaliz es la raíz de una planta llamada *Glycyrrhiza glabra* en latín y *yashtimadhu* en sánscrito. Ambos nombres significan «raíz dulce» o «palo dulce», lo cual refleja su sabor. Los nombres tradicionales del andrografis son *mahatikta* o «rey de amargos», en referencia a su sabor.

Olor *Ashwagandha* (nombre de la hierba mora mayor) significa «huele a caballo» en sánscrito –lo cual es cierto–, pero también se refiere a la creencia de que la hierba te pondrá fuerte como un caballo.

Forma La nutritiva microalga espirulina también recibe su nombre por su forma en espiral.

Color Otro nombre de la albahaca sagrada es *krishna*, que significa «negro»: se refiere al color oscuro de sus hojas y tallos. El nombre del alga *chlorella* significa acertadamente «pequeña verde».

Efecto El nombre botánico de la manzanilla es *Matricaria recutita*. *Matrix* significa «útero» en latín, lo cual hace referencia a la capacidad de la manzanilla para aliviar afecciones ginecológicas. La corteza de mundillo (*Viburnum opulus*) lleva tiempo empleándose para tratar los dolores menstruales y recibe el nombre común de corteza para calambres. La agripalma (*Leonurus cardiaca*) se cree que es beneficiosa para las madres, antes y después del parto. La indicación latina de la especie, *cardiaca*, sugiere que es buena para el corazón (palpitaciones debidas a la ansiedad). El nombre en latín del *ginseng* es *Panax ginseng*, en referencia a sus propiedades de «panacea» que lo cura todo.

Los expertos en hierbas con frecuencia las utilizan combinadas para crear una mezcla o fórmula —cosa que quizás le hará pensar en «brebajes» o «pociones» a modo de antídoto—. Estas mezclas se basan en la idea de que la cantidad es importante y la diversidad puede contribuir a sanarnos y fortalecernos.

La mezcla perfecta

La unión hace la fuerza y se cree que el todo supera la suma de las partes, o como me gusta expresarlo a mí: 1 + 1 = 3, que significa que dos hierbas empleadas juntas aportan los poderes de tres. El uso de mezclas es fundamental en la filosofía y el éxito del empleo de hierbas en el mundo occidental, la medicina tradicional china y el ayurveda. Se asume que la sinergia desempeña un papel importante en los beneficios de todo tratamiento a base de hierbas.

Un efecto sinérgico puede darse entre múltiples hierbas que presentan funciones distintas o la misma función —por ejemplo, se ha demostrado que la raíz de *ginseng* y la hoja de *ginkgo* (ambas empleadas para favorecer la función cognitiva) ejercen un mayor efecto cuando se combinan—.

Pero la sinergia no se da en exclusiva entre diferentes hierbas. La ciencia ha demostrado lo que los antiguos maestros sabían por instinto y experimentación: la sinergia también ocurre entre los constituyentes de una misma hierba, acentuando algunos aspectos y atenuando otros. Por ejemplo, la hoja de diente de león es un fuerte diurético, pero también es rica en potasio (que ayuda a mantener el equilibrio de líquidos celulares). Por tanto, a diferencia de los diuréticos farmacéuticos, la hoja de diente de león no provoca desequilibrio de electrolitos.

El yoga del té

El yoga del té persigue la perfecta taza de té. Probablemente sea distinta para cada uno de nosotros, pero para mí la taza de té ideal debe lograr tres objetivos: debe cumplir con un propósito, ser de calidad excepcional, y ser beneficiosa para las personas, las plantas y el planeta.

Cumplir con un propósito se refiere a la *intención* del té. ¿Algo tranquilizante? ¿Para levantar el ánimo? ¿Un digestivo? Cuando preparo una infusión, siempre dedico un momento a considerar qué mezcla de hierbas sirve mejor para el propósito buscado.

La calidad se refiere a la planta: ¿cómo se ha cultivado? ¿Se ha enterrado bajo pesticidas o es ecológica? ¿Es una planta medicinal o, como la mayoría de infusiones, se trata de un ingrediente culinario? ¿Se ha puesto a prueba para estudiar los niveles de aceites esenciales y pigmentos activos? Para mí, la respuesta es que debe ser ecológica (en la actualidad es el mejor sistema de cultivo y el más sostenible). Y en Pukka cultivamos hierbas de lo que llamamos «grado medicinal farmacopeico», término técnico que significa que la hierba cumple requisitos de alta calidad y sabe siempre bien.

Y finalmente el beneficio del té hace referencia a si es bueno para mí, para el agricultor y para el planeta. Si sé que estos aspectos se cumplen, me tomo mi té feliz.

Una receta equilibrada

Preparar un té tentador y saludable es como cocinar una comida sana: hay que combinar una serie de texturas, sabores y experiencias para crear algo nutritivo y delicioso. Es útil saber bien qué propósito cumple el té y a quién se pretende beneficiar con él. Yo siempre dedico un tiempo a reflexionar sobre ello antes de empezar a combinar hierbas. Si quiere simplemente una infusión de sabor agradable, debería ser fácil de preparar. Para situaciones más serias, se pueden anotar ideas o meditar la solución.

En el patrón que me enseñaron para crear una mezcla intervienen unos cuantos personajes. Existen un Rey, un Príncipe, un Armonizador, un Digestivo y un Mensajero.

Empiece seleccionando la hierba o las hierbas principales que actuarán como Rey y ocuparán el lugar destacado. Dichas hierbas deberían aportar los efectos más fuertes y específicos. El Rey debe ser la hierba principal por peso y efecto.

Respalde la selección con una hierba de apoyo que se comporte como un Príncipe. Estas hierbas funcionarán en sinergia para potenciar al Rey. Deberían presentar objetivos concretos, pero en menor dosis que el Rey. Hierbas como la flor de manzanilla, la corteza de canela o la hoja de ortiga suelen ser reyes y príncipes habituales.

A continuación, hay que incluir un Armonizador: una hierba que ayude a equilibrar los extremos entre el Rey y el Príncipe. Puede rebajar sabores o efectos extremos;

por ejemplo, si las hierbas principales son un poco «cálidas» o «intensas», un armonizador como el regaliz puede atenuar estos efectos o sabores.

Para favorecer la asimilación de estas hierbas en el organismo, es necesario un Digestivo, como la semilla de hinojo o la raíz de jengibre.

Para terminar, a fin de enviar la fórmula a un lugar específico del cuerpo, añada un Mensajero. Algunas hierbas actúan directamente sobre algunos órganos y tejidos –por ejemplo, algunas son específicas para la digestión (como el jengibre), otras para los pulmones (como el tomillo) y otras para el sistema nervioso (como la melisa). Agréguelas según convenga.

Como ejemplo, a continuación he desglosado la receta del Digestivo depurativo con un toque cítrico, de la página 39. Cabe destacar que la mayoría de recetas del libro siguen esta estructura.

REY: semilla de anís 4 g
REY: semilla de hinojo 4 g
PRÍNCIPE: vaina de cardamomo 3 g
PRÍNCIPE: raíz de diente de león 2 g
ARMONIZADOR: raíz de regaliz 1 g
DIGESTIVO: semilla de apio 1 g
MENSAJERO: unas gotas de zumo de limón

Utilice estas ideas solo como ideas. Puede parecer abrumador crear las propias mezclas, pero al aprender el lenguaje básico de las hierbas y cómo funcionan, desarrollará su instinto. Con el tiempo, su intuición aumentará en confianza y será capaz de combinar los principios básicos aprendidos con su propia experiencia para crear recetas hechas a medida.

Igual que seleccionar hierbas ecológicas es importante para una buena taza de té, también lo son los detalles de preparación, como la cantidad de hierbas en cada taza, la forma y el tamaño de las hierbas, el tiempo de infusión, la calidad del agua, la temperatura del agua, la tetera... y la compañía.

El arte de preparar infusiones

Ingredientes

El agua dulce debe ser fresca, pura, clara, sin olores y baja en minerales, de modo que lo mejor es utilizar un filtro antes de preparar el té. Una tetera con control de temperatura es una buena manera de asegurarse que no se desperdicia energía el en hervido.

El agua muy caliente extrae compuestos más amargos y astringentes, por lo que el té (especialmente el té verde) sabe áspero, mientras que si es demasiado fría, carece del poder para exprimir los sabores a las hierbas, y el té tendrá poco sabor. Hervir el agua demasiado provoca la acumulación en forma de capa en la superficie de los minerales que se desprenden de la solución. Calentarla demasiado puede afectar al equilibrio entre los taninos más fuertes y algunos de los aceites esenciales sutiles y aminoácidos de las hierbas. Más importante aún: hervir demasiado el agua reduce su contenido en oxígeno, lo cual disminuye su capacidad de convertir los delicados compuestos aromáticos en experiencias de sabor.

Las infusiones de hierbas deben prepararse con agua acabada de hervir a una temperatura de 90-95 °C. Las hierbas más delicadas, como la melisa y la hierbaluisa, pueden prepararse con agua a temperaturas algo inferiores; las cortezas leñosas, como el regaliz y la canela, a temperaturas más elevadas. Al preparar infusiones delicadas, como manzanilla, menta o té verde, hay que usar agua acabada de hervir y que se ha dejado reposar un poco.

- Té verde, 80-85 °C
- Té oolong, 85-90 °C
- Té negro, alrededor de 95 °C

Tiempos de infusión
- Las flores, hojas y semillas aromáticas delicadas precisan menos tiempo de infusión: 5-10 minutos
- Los frutos, raíces y cortezas más duros necesitan más tiempo: 10-20 minutos

Forma y tamaño
- Las hierbas cortadas finas precisan menos tiempo de infusión; las grandes, más.
- Las hierbas duras, como raíces y cortezas, necesitan cortarse finamente si se desea preparar con ellas la infusión en agua. También pueden someterse a decocción (es

decir, cocerlas o calentarlas para extraer sus beneficios). Cubra el cazo con tapa para que no escape agua ni propiedades.

- Las hierbas blandas deben prepararse en infusión. También pueden someterse a decocción, pero por períodos cortos porque si no pierden su sabor.

Peso

Las cantidades de hierbas indicadas en las recetas son muy pequeñas. Para mayor precisión, necesitará una balanza digital. Las he indicado en gramos, pero también se puede emplear una cucharita. Cuando tenga más experiencia podrá utilizar el método de la «pizca» para estimar el peso y luego comprobarlo con la balanza. El uso de la cucharita y la pizca dependen de la parte de la planta utilizada, de lo fina que esté cortada y del tamaño de la mano y la cucharita. Véase la tabla de conversión más abajo.

Dosis y cantidades

La cantidad de una hierba o un té y el momento de tomarlos son cuestiones clave cuando se trata de preparar y beber infusiones de hierbas.

Igual que existen cantidades mínimas necesarias para obtener un sabor y un efecto adecuados de una hierba, también existen cantidades máximas recomendadas para algunas hierbas. Compruebe la información específica sobre cada hierba (especialmente el sen de Alejandría, la canela y el regaliz). Pero no se equivocará demasiado si sigue esta norma:

- Como bebida diaria: 1-5 g de una hierba, consumida 3 veces al día.
- Para obtener beneficios terapéuticos más potentes: 5-10 g de una hierba, consumida 3 veces al día.

Determinar las dosis para niños

Existen normas específicas para determinar las dosis infantiles. La edad, el peso y la constitución física son factores que deben tenerse en cuenta. Los niños delgados y más frágiles, tipo *vata*, requieren pequeñas dosis. Los niños más pesados o robustos, tipo *kapha*, pueden consumir dosis mayores. Para más información sobre las características *vata* y *kapha*, vea la sección sobre el ayurveda, en la página 211.

Conversión de gramos a cucharaditas				
Presentación	1 cdta. (5 ml)	½ cdta. (2,5 ml)	1 pizca	1 puñado
Polvo	3,5 g	1,75 g	2 g	¡No es recomendable!
Raíz	3 g	1,5 g	5 g	15 g
Corteza	2 g	1 g	4 g	15 g
Hoja	1 g	0,5 g	3 g	10 g
Flor	1 g	0,5 g	3 g	10 g
Fruto	1,5 g	0,75 g	1,5 g	12 g
Semilla	2,5 g	1,25 g	2,5 g	12 g

El arte de preparar infusiones

Siga siempre su intuición y el peso del niño como guía. La norma de Clark es útil:

Para determinar la dosis infantil aproximada, divida el peso del niño en kilos entre 75.

Por ejemplo, si un niño pesa 25 kg, el cálculo sería, 25 ÷ 75 = 0,33. Por tanto, la dosis para el niño es ⅓ de la dosis para un adulto.

Por lo general, estas medidas también son útiles:

- Los niños de 12 años pueden tomar la dosis de adulto.
- Los niños de 6 años pueden tomar ½ dosis de adulto.
- Los niños de 3 años pueden tomar ¼ de dosis de adulto.
- Los menores de 3 años pueden tomar solo unos sorbos.

¿En qué recipiente tomar el té?

No hay una taza «correcta» para tomar una infusión. Si prepara el té en una tetera, elija una que sea pesada para que se conserve caliente. La elección de la taza es personal... pero que sea bonita. Un buen truco consiste en usar una taza con tapa al tomar infusiones aromáticas para evitar que los valiosos aceites volátiles se evaporen.

Almacenaje de las hierbas

Los cuatro enemigos de las hierbas secas son la luz, la humedad, la temperatura y el ajo. Consérvelas en un lugar oscuro, seco, fresco y alejado de olores fuertes. Las raíces y cortezas duras se conservan más tiempo que las delicadas flores y hojas. Y todo se conserva mejor en un recipiente hermético, fresco y oscuro.

Términos útiles

En la medicina con hierbas se emplean términos especiales para describir cómo funciona una planta en el organismo, por ejemplo «carminativo», que significa que alivia el malestar digestivo. Muchos términos pertenecen al campo de la medicina con hierbas occidental y también se utilizan en la medicina alopática moderna. También he incluido términos del ayurveda, sobre los que puede ampliar la información en la página 211.

Adaptógenos Son hierbas fortalecedoras que nos ayudan a adaptarnos al estrés. Regularizan y nutren. Algunos ejemplos son la raíz de hierba mora mayor, la hierba *shatavari* y el *ginseng*.

Afrodisíacos Nutren, alimentan y estimulan el deseo y la potencia sexual. Lo son la hierba *shatavari*, el azafrán y la raíz de hierba mora mayor.

Alterativos Son hierbas que «alteran» un tejido eliminando los desechos metabólicos a través del hígado, el intestino grueso, los pulmones, el sistema linfático, la piel y los riñones. Lo son la raíz de bardana, el diente de león y la hoja de ortiga.

Anfóteros Aportan equilibrio a distintos órganos, tejidos y sistemas al regular su hiper o hipofuncionamiento. Lo son la raíz de regaliz, la flor de paja de avena y la raíz de hierba mora mayor.

Antimicrobianos Interfieren la proliferación y el ciclo vital de los microbios: bacterias, hongos y virus. Lo son la hoja de tomillo, la equinácea y la baya de saúco.

Bilis La secreta el hígado y la almacena la vesícula biliar. Nos ayuda a digerir las grasas. También estimula los movimientos intestinales. Si se coagula, se pueden formar cálculos biliares.

Carminativos Son ricos en aceites esenciales y facilitan la digestión aliviando gases, espasmos y calambres. Lo son las semillas de anís y de hinojo, y la menta.

Demulcentes Son hierbas calmantes mucilaginosas y sedosas que protegen los tejidos dañados o inflamados. Lo son la corteza de olmo rojo, la raíz de malvavisco y la flor de tilo.

Diaforéticos Provocan sudoración al aumentar la circulación periférica del organismo. Suelen emplearse para aliviar fiebres. Lo son la milenrama, las flores de saúco y la raíz de jengibre.

Diuréticos Estimulan el flujo de orina y ayudan a eliminar líquidos del organismo. Lo son la hoja de diente de león, la raíz de bardana y la seda de maíz.

Emenagogos Estimulan y favorecen la menstruación. Lo son la raíz de cúrcuma, las flores de caléndula y las bayas de sauzgatillo.

Expectorantes Son hierbas que ayudan al organismo a expulsar mucosidad del tracto respiratorio alto. Lo son la raíz de regaliz, la raíz de elecampana y el tomillo.

Galactogogos Favorecen el flujo de leche materna. Lo son la semilla de hinojo, la semilla de apio y la hierba *shatavari*.

Hepáticos Favorecen la función hepática. Lo son la cúrcuma, la raíz de diente de león y la raíz de romaza.

Kapha Es el término ayurvédico que define un tipo de constitución. Es responsable de la estabilidad y humedad, y alude a la estructura del cuerpo. Si el *kapha* está en desequilibrio, puede haber sobrepeso, existir un problema cardíaco, diabetes o colesterol elevado. Para más información, véase la página 211.

Laxantes Estimulan o favorecen el flujo intestinal. Existen diferentes tipos: purgantes suaves, como la raíz de diente de león; los que aumentan el volumen de la masa fecal, como la semilla de lino, que además aumenta el contenido de agua de las heces; y los laxativos estimulantes, como la hoja de sen de Alejandría, que da vigor a los músculos intestinales para crear un movimiento más potente.

Mucílago Es una excreción viscosa, espesa y resbaladiza de las plantas que se utiliza para curar y calmar las membranas mucosas del cuerpo. La raíz de malvavisco y de regaliz y el jugo de aloe vera presentan abundante mucílago.

Nervinas Calman el sistema nervioso y poseen un efecto tranquilizante. Lo son la flor de paja de avena, la albahaca sagrada y la pasionaria.

Pitta Es el término ayurvédico que define un tipo de constitución. Regula el calor y la digestión y se relaciona con el metabolismo y la producción hormonal. Si el *pitta* está en desequilibrio, se puede padecer pirosis, presión sanguínea alta, erupciones de la piel, sofocos e irritabilidad. Para más información, véase la página 211.

Tónicos Son hierbas que proporcionan tono a un órgano o tejido para mejorar su funcionamiento. También se utiliza para describir hierbas que aumentan el nivel de energía. Lo son el cacao, la chebula y el mirobálano.

Vata Es el término ayurvédico que define un tipo de constitución. Regula el movimiento y la comunicación, y se relaciona con el sistema nervioso. Si el *vata* está en desequilibrio es posible sufrir insomnio, estreñimiento, períodos menstruales problemáticos o infertilidad. Para más información, véase la página 211.

Afecciones y elixires

Acidez de estómago
Véase Pirosis

Acné
Quiero resplandecer (p. 36), Té *triphala* (p. 64)

Afecciones cardíacas
Corazón valiente (p. 123)

Alergias
Té de ortigas nutritivo (p. 74), Inmunidad increíble (p. 148)

Almorranas
Véase Hemorroides

Alzheimer
Pura claridad (p. 99), Té zen verde con matcha (p. 107)

Amigdalitis
Calor invernal de bayas de saúco y equinácea (p. 140), Elixir de bayas de saúco (p. 144)

Artritis
Protector de articulaciones (p. 154)

Asma
Respira (p. 138), Elixir de bayas de saúco (p. 144)

Bronquitis
Calor invernal de bayas de saúco y equinácea (p. 140), Elixir de bayas de saúco (p. 144)

Candidiasis
Digestivo depurativo con un toque cítrico (p. 39)

Catarro
El gran jengibre (p. 52), Respira (p. 138)

Cistitis
Aguas frías (p. 45)

Depresión
La magia de melisa (p. 115), Que se haga la alegría (p. 116), Bendición de los dioses (p. 124)

Depuración/problemas hepáticos
Amo a mi hígado (p. 35), Perdón porque he pecado (p. 42)

Dismenorrea
Que se haga la alegría (p. 116), Liberación mensual (p. 175)

Dolor de garganta
Calor invernal de bayas de saúco y equinácea (p. 140), Elixir de bayas de saúco (p. 144)

Dolor/esguinces musculares
Protector de articulaciones (p. 154)

Eczema
Quiero resplandecer (p. 36), Verde y limpio (p. 196)

Embarazo
Té de ortigas nutritivo (p. 74), Celebración de luna llena (p. 166), Subidón con bayas (p. 199)

Encefalomielitis miálgica (EM)
Véase Síndrome de fatiga crónica (SFC)

Endometriosis
Equilibrio lunar (p. 165), Liberación mensual (p. 175)

Erupciones/urticarias
Amo a mi hígado (p. 35), Quiero resplandecer (p. 36), Té *triphala* (p. 64), Verde y limpio (p. 196)

Estreñimiento
Que haya movimiento (p. 40), Las semillas de la vida (p. 193)

Estrés
Té de la paz (p. 100), Tómatelo con calma (p. 104)

Fatiga adrenal
Leche dorada bendita (p. 73), Té de ortigas nutritivo (p. 74), Dulce regaliz (p. 127)

Fatiga visual
Tónico celestial de vitalidad imperial (p. 77), Elévate como una estrella (p. 89), Ojos de lince (p. 151), Subidón con bayas (p. 199)

Fertilidad
Leche dorada bendita (p. 73), Tónico celestial de vitalidad imperial (p. 77), El afrodisíaco de Afrodita (p. 162), Las semillas de la vida (p. 193)

Flatulencia
Digestivo depurativo con un toque cítrico (p. 39), Que haya movimiento (p. 40), Tómatelo con calma (p. 104), *Lassi* digestivo (p. 191)

Flemas
El gran jengibre (p. 52), Respira (p. 138), Limón y jengibre con miel de manuka (p. 147)

Forúnculos
Amo a mi hígado (p. 35), Quiero resplandecer (p. 36), Verde y limpio (p. 196)

Gota
Digestivo depurativo con un toque cítrico (p. 39), Té de ortigas nutritivo (p. 74)

Gripe
Calor invernal de bayas de saúco y equinácea (p. 140), Elixir de bayas de saúco (p. 144), Inmunidad increíble (p. 148)

Halitosis
Que haya movimiento (p. 40), Digestivo a la menta (p. 59)

Hemorroides
Té *triphala* (p. 64), Las semillas de la vida (p. 193)

Infección pectoral
El gran jengibre (p. 52), Respira (p. 138)

Infección urinaria/de la vejiga
Aguas frías (p. 45)

Insomnio
Dulces sueños (p. 103)

Intoxicación sanguínea
Amo a mi hígado (p. 35), Quiero resplandecer (p. 36), Verde y limpio (p. 196)

Lactancia
Leche dorada bendita (p. 73), Leche materna (p. 169)

Mareos
El gran jengibre (p. 52)

Menopausia
Bendición de los dioses (p. 124), Frescor femenino (p. 170)

Migraña
Té de la paz (p. 100)

Obesidad
Equilibrio natural (p. 63), Té *triphala* (p. 64)

Osteoporosis
Elixir nutritivo de almendras y azafrán (p. 70), Tónico celestial de vitalidad imperial (p. 77)

Pérdida de cabello
Tónico celestial de vitalidad imperial (p. 77), Mechones ilustres lustrosos (p. 153)

Pérdida de peso
El triángulo dorado del jengibre (p. 55), Equilibrio natural (p. 63)

Período doloroso
Liberación mensual (p. 175)

Piel
Véase Acné, Eczema, Psoriasis

Pirosis
Extintor de fuegos (p. 60), Menta y regaliz (p. 80)

Presión sanguínea
Corazón valiente (p. 123)

Problemas de próstata
Aguas frías (p. 45)

Problemas sinusales
El gran jengibre (p. 52), Respira (p. 138)

Psoriasis
Amo a mi hígado (p. 35), Quiero resplandecer (p. 36), Té *triphala* (p. 64), Verde y limpio (p. 196)

Regulación del azúcar en sangre
Equilibrio natural (p. 63)

Resfriados
El gran jengibre (p. 52), Respira (p. 138), Limón y jengibre con miel de manuka (p. 147)

Retención de líquidos
Aguas frías (p. 45), Equilibrio lunar (p. 165)

Rinitis alérgica
Té de ortigas nutritivo (p. 74), Inmunidad increíble (p. 148)

Salud femenina
Amo a mi hígado (p. 35), Tónico celestial de vitalidad imperial (p. 77), El afrodisíaco de Afrodita (p. 162), Equilibrio lunar (p. 165)

Salud pulmonar
Canta una canción (p. 137), Elixir de bayas de saúco (p. 144), Limón y jengibre con miel de manuka (p. 147)

Salud renal
Enjuague regio (p. 46)

Salud reproductiva
Tónico celestial de vitalidad imperial (p. 77), El afrodisíaco de Afrodita (p. 162)

Sangrado de encías
Té *triphala* (p. 64)

Síndrome de abstinencia de alcohol/drogas
Pura claridad (p. 99), Té de la paz (p. 100)

Síndrome de fatiga crónica (SFC)
Leche dorada bendita (p. 73), Tónico celestial de vitalidad imperial (p. 77), Dulce regaliz (p. 127)

Síndrome de ovarios poliquísticos (SOP)
Equilibrio natural (p. 63), Equilibrio lunar (p. 165)

Síndrome de piernas inquietas
Manzanilla fresca (p. 95), Té de la paz (p. 100), Tómatelo con calma (p. 104)

Síndrome del intestino irritable (SII)
Digestivo depurativo con un toque cítrico (p. 39), Menta majestuosa (p. 56), Digestivo a la menta (p. 59)

Síndrome premenstrual
Amo a mi hígado (p. 35), Té de la paz (p. 100), Equilibrio lunar (p. 165)

TDAH
Manzanilla fresca (p. 95), Pura claridad (p. 99), Tómatelo con calma (p. 104)

Tos
Respira (p. 138)

Úlceras bucales
Amo a mi hígado (p. 35),

Limpieza
y detox

«Es mejor cavar un pozo antes de tener sed.»
Del libro *Huangdi Neijing*, clásico de la
medicina china con 2.500 años de antigüedad

Si bien limpiamos y eliminamos residuos a diario, la vida moderna nos exige tanto que no todo se va por el desagüe. Si no dedicamos tiempo a limpiar el interior de nuestro organismo, corremos el riesgo de padecer una serie de síntomas que van del mal aliento a las digestiones pesadas. Sentirnos atascados también puede afectar nuestro estado emocional: podemos aferrarnos a temas negativos en lugar de dejarlos pasar. La limpieza a todos los niveles es esencial para la salud. Los tés del presente capítulo son quizás los más complicados porque pueden presentar sabores amargos y tener efectos potentes, por tanto, tómeselo con calma.

Las toxinas poseen cualidades de humedad, pegajosidad, pesadez y estancamiento. El ayurveda las denomina *ama*, en referencia a los residuos no digeridos y no utilizados del interior del cuerpo. Las toxinas pueden causar inflamación e infección, afectar la inmunidad, provocar congestión mucosa, pérdida de fuerza, retención de líquidos, tensión muscular, hinchazón, diarrea, picor, lengua espesa y depresión, entre otros.

¿Recuerda la última vez que se resfrió y experimentó aquella sensación de «pesadez» de la que no podía deshacerse? ¿O la última vez que se sintió deprimido y bloqueado? Son señales de que necesita una limpieza. Solo hay unas pocas maneras de deshacerse de residuos no metabolizados: a través de la orina, las heces, la sudoración, el aliento, la expectoración y, en el caso de las mujeres, la menstruación. Por tanto, riñones, intestinos, pulmones, piel y sistema reproductor nos ayudan continuamente a limpiarnos y mantener el equilibrio. Y, por supuesto, el hígado. Cada fármaco, sustancia química artificial, pesticida y hormona se descomponen mediante las enzimas en las células hepáticas. Muchas de las sustancias químicas que entran en el organismo son liposolubles, lo que significa que se disuelven únicamente en soluciones grasas o aceitosas y no con agua. Esto dificulta su excreción del cuerpo. Las sustancias químicas liposolubles poseen una gran afinidad con los tejidos grasos y las membranas celulares. En estas partes del organismo, las toxinas pueden almacenarse durante años y eliminarse en momentos de ejercicio, estrés o ayuno. Durante su liberación, pueden aparecer síntomas como cefaleas, náuseas o fatiga. La principal defensa del organismo contra las toxinas y los venenos la proporciona el hígado. Dicho órgano está diseñado para convertir las sustancias químicas liposolubles en hidrosolubles para poder excretarlas fácilmente a través de fluidos como la bilis o la orina.

Las mejores épocas del año para purificarse son los cambios de estación (en marzo y septiembre). Mientras que la desintoxicación ayuda a refrescar tanto el cuerpo como la mente, es importante que después se nutra adecuadamente. Es algo parecido a eliminar las malas hierbas del jardín y después esparcir compost para que las plantas florezcan. Para conocer los mejores tés nutritivos, véase el capítulo Energía y rejuvenecimiento, a partir de la página 66.

Para la conversión de gramos a cuucharaditas, véase la página 24

Una agradable mezcla agridulce que ayuda a optimizar la salud hepática y la felicidad, y restaurar su vitalidad y tono. El hígado se lleva la peor parte en la gestión de residuos metabólicos, por eso es bueno tomar esta infusión cuando sienta pesadez, en caso de mala digestión o si nota que necesita una depuración.

Amo a mi hígado

Raíz de diente de león, 4 g
Bayas de schizandra, 3 g
Hoja de diente de león, 2 g
Semilla de hinojo, 2 g
Raíz de cúrcuma en polvo, 1 g
Hoja de romero, 1 g
Raíz de regaliz, 1 g

Salen 2-3 tazas de té para cuidar del hígado.

Ponga todos los ingredientes en una tetera. Añada 500 ml de agua filtrada recién hervida. Deje reposar 10-15 minutos, luego cuélelo.

Si realmente ama a su hígado, podría tomar hoja de alcachofa, andrografis o nim, pero no se recomiendan para el té porque son extremadamente amargas.

Raíz de diente de león Algo agridulce, es un colagogo (estimula la evacuación de la bilis), y ayuda al hígado y la vesícula a eliminar congestiones y reducir la inflamación.

Bayas de schizandra Conocida como la fruta de cinco sabores, esta baya es un ingrediente esencial de la medicina china para favorecer la metabolización hepática de toxinas. Además, tiene un agradable sabor dulce y amargo.

Hoja de diente de león Aún más amarga que la raíz de la planta, es un potente diurético y ayuda al hígado.

Semilla de hinojo Muy dulce y rica en aceites *carminativos* que relajan el hígado.

Raíz de cúrcuma en polvo Una de las hierbas más beneficiosas para el hígado, favorece el deseo innato de este órgano de deshacerse de lo viejo y recibir lo nuevo.

Hoja de romero El ingrediente número uno para movilizar lo estancado y despertar el hígado. Conocida por eliminar las molestias de un hígado lento, perezoso, graso.

Raíz de regaliz Potente protector del hígado, lo mantiene fuerte ante las muchas tareas que debe cumplir.

Limpieza y detox

Una saludable mezcla de hierbas ricas en clorofila que purifican la sangre, calman el hígado y limpian la piel, ayudándola a resplandecer desde el interior. Indicada para personas con espinillas, acné u otras impurezas de la piel.

Quiero resplandecer

Hoja de ortiga, 3 g
Semilla de hinojo, 2 g
Hoja de menta piperita, 2 g
Raíz de diente de león, 2 g
Raíz de bardana, 2 g
Trébol rojo, 2 g
Raíz de cúrcuma en polvo, 1 g
Raíz de regaliz, 1 g
Unas gotas de zumo de limón por taza

Salen 2 tazas de té embellecedor.

Ponga todos los ingredientes en una tetera, excepto el limón. Añada 500 ml de agua filtrada recién hervida. Deje reposar 10-15 minutos, luego cuélelo y añada el limón.

Esta receta emplea ortiga seca, pero puede recoger ortigas en primavera para un té fresco. También las puede secar para conservarlas. Séquelas en un plato o cuélguelas en un lugar seco durante un día.

Hoja de ortiga Depurador de la sangre por excelencia. Para nutrir, limpiar y por ser rica clorofila, la ortiga se utiliza desde hace siglos para purificar la sangre.

Semilla de hinojo Conocida por evitar la fermentación en la digestión y reducir la acumulación de toxinas calientes inflamatorias (pueden manifestarse en forma de granos o cistitis). Su suave efecto diurético ayuda a eliminar impurezas.

Hoja de menta piperita De maravilloso aroma, la menta es famosa por refrescar la piel, calmar el picor y reducir el enrojecimiento.

Raíz de diente de león Algo agridulce, ayuda al organismo a desintoxicarse al favorecer el funcionamiento del hígado y el intestino.

Raíz de bardana Terrosa y poderosa, se conoce como *alterativa* para limpiar el hígado, los riñones y los intestinos. Famosa por limpiar las impurezas faciales.

Trébol rojo Delicada y herbácea, la flor limpia la piel y la ayuda a resplandecer.

Raíz de cúrcuma en polvo Conocida como la diosa dorada en India, la cúrcuma es notoria por purificar la piel.

Raíz de regaliz Esta dulce raíz fortalece los riñones y puede ayudar a reducir las inflamaciones de la piel.

Zumo de limón Favorece el funcionamiento del hígado con el fin de mantener la piel limpia y fresca.

Una combinación desintoxicante de semillas y raíces sabrosas que ayudan a regular la digestión, disipar el aletargamiento y limpiar la sangre. Indicada cuando uno se siente hinchado después de comer.

Digestivo depurativo con un toque cítrico

Semilla de anís, 4 g
Semilla de hinojo, 4 g
Vaina de cardamomo, 3 g
Raíz de diente de león, 2 g
Raíz de regaliz, 1 g
Semilla de apio, 1 g
Unas gotas de zumo de limón por taza

Salen 2 tazas de té desintoxicante con un toque cítrico.

Ponga todos los ingredientes en una tetera, excepto el limón. Añada 500 ml de agua filtrada recién hervida. Deje reposar 10-15 minutos, luego cuélelo. Disfrútelo con unas gotas de limón.

Esta es una infusión ideal para tomar después de comer para extraer todos los nutrientes de los alimentos y favorecer una digestión fácil.

Semilla de anís Aromática y dulce, ayuda a eliminar desechos del sistema digestivo y los pulmones. Famosa por limpiar la mucosidad y limpiar el sistema urinario, es un desintoxicante excelente.

Semilla de hinojo En el ayurveda, equilibra los tres tipos de constitución. Es fantástica para calmar un sistema digestivo alterado y elimina toxinas inflamatorias a través del tracto urinario.

Vaina de cardamomo *Carminativo* cálido, esta vaina repleta de semillas tropicales ayuda a eliminar toxinas del sistema digestivo, la sangre y la piel.

Raíz de diente de león Algo agridulce, apoya los procesos desintoxicantes del hígado.

Raíz de regaliz Esta dulce raíz es beneficiosa para los riñones y puede ayudar a gestionar los efectos del estrés y del exceso de adrenalina al equilibrar la liberación de cortisol (hormona esteroidea). También es antiinflamatoria, de modo que beneficia a la piel por dentro y por fuera.

Semilla de apio Pequeña pero potente, ayuda a eliminar ácido úrico de la sangre y las articulaciones (los niveles elevados de ácido úrico pueden provocar gota), y desintoxica intensamente la piel.

Zumo de limón Unas gotas de dulce y ácido zumo de limón ayudan al hígado a eliminar bilis y metabolizar los residuos más eficazmente.

Si desea limpiar su organismo de toxinas, es esencial que su intestino funcione adecuadamente. Esta infusión es una de las más potentes del capítulo, de modo que hay que utilizarla con precaución. Le ayudará a ir al baño relajadamente cada día.

Que haya movimiento

Raíz de romaza, 4 g
Raíz de diente de león, 3 g
Raíz de malvavisco, 2 g
Hoja de sen de Alejandría, 2 g
Piel de naranja, 2 g
Semilla de hinojo, 1 g
Raíz de regaliz, 1 g

Salen 2-3 tazas de té para activar el intestino.

Ponga todos los ingredientes en una tetera. Añada 500 ml de agua filtrada recién hervida. Deje reposar 10-15 minutos, luego cuélelo.

Tome solo 1 taza al día o tendrá que ir al baño con demasiada frecuencia. No tome la infusión más de dos semanas seguidas porque el sen de Alejandría puede crear cierta dependencia. Cerciórese de mantenerse bien hidratado todo el día.

Cuando coma naranja ecológica fresca, seque la piel y consérvela para disponer de una reserva casera de piel de naranja.

Raíz de romaza Laxante suave, agridulce, que funciona iniciando la liberación de bilis. La bilis es la sustancia amarilla que ayuda a emulsionar las grasas, haciéndolas más digeribles. La raíz de romaza también estimula el movimiento intestinal.

Raíz de diente de león Su suave y dulce efecto en el hígado favorece el funcionamiento del intestino.

Raíz de malvavisco Proporciona un mucílago suave, dulce y *demulcente* al hacer infusión con el agua: es como un abrazo desde dentro que ayuda a calmar además de lubricar el sistema digestivo.

Hoja de sen de Alejandría Hierba de sabor acre fuertemente laxativa que estimula el movimiento intestinal.

Piel de naranja Rica en aceites esenciales, es de sabor agradable y ayuda a relajar el sistema digestivo para que las hierbas más fuertes de la mezcla no provoquen dolores.

Semilla de hinojo Dulce y deliciosa, refresca el sistema al completo y ayuda a aliviar el dolor de barriga.

Raíz de regaliz Sabe muy bien y contrarresta los efectos secantes de los ingredientes amargos al tiempo que aporta un efecto lubricante a la mezcla.

Limpieza y detox

Esta infusión le ayudará a sentirse bien al sorberla lentamente tras una noche de excesos. Favorece la digestión, estimula la circulación y aclara la mente.

Perdón porque he pecado

Hojas de menta piperita frescas, 1 puñado (o 1 cucharada, secas)
Raíz de jengibre fresca, 3-5 rodajas
Romero fresco, 2 ramitas (o 1 cucharadita, seco)
Raíz de cúrcuma en polvo, ¼ de cucharadita (o una pizca) por taza
Bíter de angostura, unas gotas por taza
Miel, 1 cucharadita por taza

Salen 2-3 tazas de una infusión que es toda una confesión.

Ponga la menta, el jengibre y el romero en una tetera. Añada 500 ml de agua filtrada recién hervida. Deje reposar 10-15 minutos, luego cuélelo. Añada la cúrcuma, el bíter y la miel. Inhale el aroma mientras toma el té, le ayudará a sentirse mejor.

Hoja de menta piperita Como un buen amigo, la menta siempre es bienvenida. El ligero mentol que domina su aroma activa la digestión y disipa la letargia. Puede actuar como un soplo de aire fresco para afrontar dificultades.

Raíz de jengibre Considerada buena para todo el mundo, aumenta y activa la energía y despierta todo el sistema. Su naturaleza dulce y picante difumina las nubes que puedan nublarle la vista.

Romero fresco Mejor de lo que imagina: ayuda a pensar con más claridad al despejar la mente. Levanta el ánimo y nos pone las pilas.

Raíz de cúrcuma Conocido purificador del hígado, acelera el metabolismo del alcohol y las grasas, hace más cuesta abajo los días.

Bíter de angostura Brebaje clásico a base de hierbas. Unas gotas de bíter pueden activar la digestión y transportarle a otro mundo (alejado de la resaca).

Limpieza y detox

Aguas frías

Si alguna vez sufre infecciones del tracto urinario, este es su té. Ayuda a calmar la vejiga y facilita la micción. Como dice el proverbio: «Es mejor cavar un pozo antes de tener sed», por lo que vale la pena disponer de los ingredientes como parte de su botiquín «verde».

Raíz de malvavisco, 4 g
Semilla de cilantro, 4 g
Hoja de buchú, 5 g
Hoja de gayuba, 5 g
Seda de maíz, 4 g
Hoja de diente de león, 3 g
Zumo de arándanos rojos,
    1 cucharadita de concentrado
    (o 50 ml) por taza

Salen 2 tazas de infusión decididamente diurética.

Ponga la raíz de malvavisco y las semillas de cilantro en una tetera. Añada 200 ml de agua fría y deje reposar toda la noche (el mucílago beneficioso para el tracto urinario se extrae mejor en frío). Al día siguiente ponga el resto de ingredientes, excepto el zumo de arándanos, en otra tetera. Añada 400 ml de agua filtrada recién hervida y deje reposar 20-30 minutos. Cuélelo y mezcle los dos líquidos. Agregue el zumo o concentrado de arándanos a cada taza. También puede servirse frío.

Puede tomarse un poco de bicarbonato a diario para alcalinizar la orina ácida. Añada ½ cucharadita al agua y tómelo con esta infusión.

Raíz de malvavisco Esta hierba sedosa y suave calma irritaciones y facilita el flujo de fluidos por el sistema urinario.

Semilla de cilantro Dulce y aromática, es un remedio favorito para disipar el calor de las vías urinarias, algo especialmente útil si se padece cistitis.

Hoja de buchú Posee reconocidas cualidades antimicrobianas que también tonifican el sistema urinario.

Hoja de gayuba Famosa por restaurar la ecología del sistema urinario, puede actuar como antimicrobiano y astringente, y ayuda a calmar y aliviar el dolor.

Seda de maíz Son los hilillos dorados del interior de la mazorca de maíz: uno de los diuréticos naturales más eficaces. Hace orinar más, lo cual ayuda a limpiar el sistema. (Se puede guardar la seda cuando se consuma maíz fresco y secarla para usarla en la infusión.)

Hoja de diente de león Conocida como *pis en lit* (en francés, «mojar la cama»), es un fantástico diurético. Es rica en potasio, por lo que es capaz de eliminar fluidos mientras equilibra los niveles de sodio y potasio, de modo que se evita la deshidratación.

Zumo de arándanos rojos Procure hacerse con un zumo o concentrado sin azúcar: refrescará la infusión. Esta fruta roja es antimicrobiana y puede favorecer el tono del sistema urinario.

Los riñones son una maravilla del diseño de la naturaleza. Sus papeles vitales incluyen filtrar la sangre, mantener el equilibrio de electrolitos y regular la presión sanguínea, además de equilibrar el nivel de minerales y la proporción de ácidos y alcalinos. Esta infusión suave puede enjuagar los riñones, ayudar a prevenir la acumulación de arenilla y despejar la congestión de fluidos. No la tome antes de acostarse si no desea levantarse por la noche para ir al baño. Si tiene cálculos renales, consulte con un especialista antes de tomar este preparado.

Enjuague regio

Hoja de plátano macho, 3 g
Flor de solidago, 3 g
Semilla de abrojo, 3 g
Raíz de bardana, 3 g
Raíz de malvavisco, 2 g
Semilla de hinojo, 2 g

Salen 2 tazas de infusión limpiadora de los riñones.

Ponga todos los ingredientes en una tetera. Añada 500 ml de agua filtrada recién hervida. Deje reposar 20-30 minutos, luego cuélelo.

Hoja de plátano macho Esta común y pisoteada planta dirige esta infusión al riñón y es un excelente diurético.

Flor de solidago Esta flor de color amarillo vivo ayuda a limpiar los conductos y aclarar la gravilla de la compleja red renal.

Semilla de abrojo A menudo citada por su nombre latín, *Tribulus terrestris*, es una de las hierbas más espinosas del mundo, de modo que hay que manejarla con cuidado. Se dice que con sus púas afiladas «rasca» para retirar los cálculos del sistema. La semilla de abrojo es un potente tónico renal empleado para mejorar la masa muscular y aportar fuerza.

Raíz de bardana *Alterativo* ideal que equilibra la función renal y facilita la micción.

Raíz de malvavisco Es una raíz melosa que calma irritaciones.

Semilla de hinojo Diurético sencillo que ayuda a endulzar la infusión y facilitar la micción.

Nutrición
y digestión

> «Hay alimento como el pan para una parte de la vida y alimento como la luz para la otra.»
> **Jalaluddin Rumi, místico y poeta sufí**

El ayurveda considera lo que comemos como el factor más importante para la salud y recomienda una dieta que prenda el fuego digestivo: este fuego se conoce como *agni* («fuego», «encender» o «chispa», en sánscrito). Un sistema digestivo sano significa que se digiere bien la comida, sin molestias, y que se produce la óptima asimilación de nutrientes (en otras palabras, se absorben los nutrientes de los alimentos). Se podría decir que «somos lo que digerimos». Una buena digestión pasa casi inadvertida: uno presenta un apetito regular, evacuaciones regulares saludables y hábitos alimentarios regulares. Se puede favorecer el fuego digestivo con hierbas cálidas como el jengibre, la canela y el hinojo, y siguiendo una dieta equilibrada rica en productos ecológicos integrales y fuentes de fibra naturales.

Cinco pasos para la paz intestinal

La mayor parte de la dieta debería constar de alimentos recién cocinados, ingeridos calientes y elaborados con especias que favorezcan la digestión.

1. Las bebidas calientes nutren el fuego digestivo.
2. Las bebidas frías lo aniquilan.
3. Recuerde que el estómago es del tamaño de las manos formando cuenco, por tanto hay que calcular las raciones en consecuencia para no complicar el día.
4. Espere a haber digerido por completo la comida anterior antes de volver a comer, e intente no comer sobre la marcha: la digestión funciona mejor cuando uno está relajado.
5. Siga su instinto y, sobre todo, disfrute de la comida.

Si sigue estos cinco pasos el 90 por ciento de las veces, irá por buen camino para gozar de una buena salud digestiva. Por supuesto, las infusiones con hierbas se incluyen en la lista de buenas maneras de nutrir la digestión. Pueden reactivarla, iniciarla, ralentizarla y mejorarla del modo que sea necesario.

Para la conversión de gramos a cucharaditas, véase la página 24

El gran jengibre

Probablemente, esta sea la mejor infusión de todas. Alcanza partes del cuerpo donde otras no llegan. Yo la uso para activar mi sistema digestivo, calentarme y ayudarme a centrarme en el momento presente. Siempre elijo el jengibre cuando noto que sopla un viento fresco.

Raíz fresca de jengibre, 5 g (unos 2,5 cm)

Sale 1 taza de infusión para entrar en calor.

Frote el jengibre o pélelo ligeramente. Si decide pelarlo, utilice una cucharita para rascar la piel (es la mejor manera de hacerlo: gran consejo de la abuela).

Corte el jengibre en cinco rodajitas y póngalas en una tetera. Añada 250 ml de agua filtrada recién hervida. Deje reposar 10-15 minutos. Entonces puede colarlo o puede dejar el jengibre en el agua. Si desea preparar una infusión más fuerte, puede hervir el jengibre en un cazo con tapa unos minutos.

Raíz fresca de jengibre El mejor aliado de la digestión, es cálido y picante y posee propiedades termogénicas que aceleran el metabolismo. Su sabor intenso no solo es delicioso, sino que ayuda a absorber más nutrientes de los alimentos.

Contiene gingeroles y shogaoles: protectores vegetales naturales que se ha demostrado que estimulan la circulación y reducen la adherencia de las plaquetas para tener una sangre más saludable. Los shogaoles, en particular, contienen antieméticos, es decir, ayudan a aliviar las náuseas.

En el ayurveda, el jengibre se conoce como la «medicina universal», buena para todo el mundo. Es fácil ver por qué, ya que se considera un excelente *carminativo* (una hierba que reduce los gases intestinales) y un espasmolítico intestinal (una hierba que relaja y calma el tracto intestinal). Su capacidad de penetrar en profundidad en el organismo ayuda a aliviar la rigidez y el dolor, y se usa comúnmente como antioxidante y antiinflamatorio para la artritis. Además, el jengibre fresco favorece la circulación periférica, calienta la punta de los dedos de manos y pies (mientras que el jengibre seco actúa más en el centro del organismo). El jengibre prospera en el soleado clima asiático y absorbe del sol el calor para ofrecérnoslo cuando lo necesitamos.

Si sufre usted algún tipo de dolor, puede mojar una compresa en la infusión caliente, escurrir el exceso de líquido y aplicarla sobre la zona afectada. Yo lo utilizo al primer atisbo de dolor de garganta y lo aplico sobre el pecho y la garganta hasta que la piel enrojece, o lo utilizo para calmar articulaciones o músculos doloridos. También es útil para reducir el dolor menstrual: coloque la compresa empapada sobre la zona dolorida.

Este trío lo integran miembros de la familia de las cingiberáceas: juntas forman una potente y cálida infusión. Al sobrevivir en selvas húmedas, estas tres especies están habituadas a defenderse de la humedad, de modo que ayudan a mantenerse fresco. Tome esta infusión a diario si tiene un metabolismo lento.

El triángulo dorado del jengibre

Raíz fresca de jengibre, 4 g, unos 2 cm (o 2 g, seca)
Raíz fresca de galanga, 2 g, alrededor de 1 cm (o 1 g, seca)
Raíz fresca de cúrcuma, 2 g, alrededor de 1 cm (o 1 g, seca)
Raíz de regaliz, 2 g

Salen 2-3 tazas de infusión dorada.

Ponga todos los ingredientes en una tetera. Añada 500 ml de agua filtrada recién hervida. Deje reposar 10-15 minutos, luego cuélelo. Si desea una infusión más fuerte, puede hervirla suavemente en un cazo con tapa unos minutos.

Raíz fresca de jengibre Es maravillosamente cálida. Mejora la digestión, aumenta la circulación y, además, sabe bien.

Raíz fresca de galanga Le transportará al reino de los trópicos con sus cualidades dulces y fragantes. Usada comúnmente en la cocina asiática, presenta propiedades similares al jengibre y, entre otras cosas, es una buena aliada de los pulmones; ayuda a fortalecerlos y mitigar la tos y la mucosidad.

Raíz fresca de cúrcuma La hermana vistosa del jengibre, es del más bello tono anaranjado y aporta color. Es buena para casi todo, desde la inmunidad al metabolismo. Posee un sabor algo terroso y sus notas de limón combinan bien con el jengibre y la galanga.

Raíz de regaliz Dulce y suave, el regaliz es un tónico nutritivo para el sistema nervioso, las glándulas renales, los pulmones y la digestión. Ayuda a equilibrar parte del calor del jengibre de esta infusión.

Esto es un despertar concentrado en una taza. Fresca, tonificante y vivificante, esta mezcla de mentas refrescantes favorece el sistema digestivo y despierta la mente. Una taza de infusión suave de menta caliente (preparada con 2 g de menta seca o una ramita de fresca) ayuda a relajarse y sentirse «uno mismo», y es especialmente indicada para malestares digestivos. Una taza de infusión fuerte de menta caliente (preparada con 5 g o más de menta seca o un buen puñado de hojas frescas) es estimulante y envía energía a la periferia del organismo (cabeza, dedos y piel). Es un remedio simple en caso de infección invernal, ya que es un *diaforético* suave capaz de inducir una ligera sudoración y ayuda a relajar la tensión muscular.

Menta majestuosa

Todos los tipos de menta fresca que encuentre (menta piperita, menta verde, hierbabuena acuática, menta silvestre), 10-20 g, unos 2 puñados

Salen 2-3 tazas de infusión de menta.

Ponga todos los ingredientes en una tetera. Añada 500 ml de agua filtrada recién hervida. Deje reposar 5-10 minutos, luego cuélelo. Hay quien gusta de añadir un endulzante: la miel le va bien.

Menta piperita Híbrido entre la menta verde y la acuática y, después del té verde, la infusión más popular del mundo.
Menta verde Menta clásica marroquí, ligeramente más dulce y menos intensa que la piperita o la silvestre.

Todas las mentas son ricas en aceites esenciales deliciosos y terapéuticos. La silvestre contiene la mayor cantidad de estos aceites. Es la que se utiliza para extraer los aromatizantes al mentol y se añade a muchos de los alimentos con sabor a menta. La menta es un fuerte *carminativo* y descongestionante aromático y ayuda a superar el letargo del sistema digestivo o los pulmones. Se puede experimentar un efecto de «apertura» cuando se huele cualquier hierbabuena: inspire profundamente y sienta como se despiertan sus sentidos y se le despeja la mente.

Un proverbio ayurveda dice: «Todas las enfermedades empiezan con una mala digestión». Esta infusión le ayudará a avivar el fuego digestivo sin sobrecalentarlo. Es una bebida para equilibrar el *pitta* pensada para tomarla después de una comida copiosa.

Digestivo a la menta

Hoja de menta piperita, 4 g
Raíz de regaliz, 2 g
Flor de hibisco, 2 g
Semilla de hinojo, 1 g
Semilla de cilantro, 1 g

Salen 2-3 tazas de rica infusión digestiva.

Ponga todos los ingredientes en una tetera. Añada 500 ml de agua filtrada recién hervida. Deje reposar 5-10 minutos, luego cuélelo.

Hoja de menta piperita Esta hoja aromática evita los espasmos y el dolor del tracto digestivo. Además, el mentol es muy refrescante en caso de acidez de estómago. Ejerce una función de expansión y apertura que ayuda a aliviar la sensación de hinchazón tras una comida.

Raíz de regaliz Planta perfecta para moderar la irritación digestiva ya que es calmante y relajante. Es un ingrediente específico para endulzar el exceso de ácido en el sistema digestivo.

Flor de hibisco Esta bonita flor es algo dulce y ácida, y contribuye al proceso del sistema digestivo tras una comida copiosa.

Semilla de hinojo Ideal para aliviar el malestar del sistema digestivo, sus aceites esenciales son potentes antiespasmódicos y ayudan a calmar la digestión y absorber los nutrientes. En el ayurveda, equilibra los tres tipos de constitución.

Semilla de cilantro Especialmente aconsejada para una buena digestión, sin sobreestimular el sistema.

Como indica su nombre, esta infusión es puramente funcional: su objetivo es rebajar el ácido y reequilibrar un sistema digestivo demasiado ácido. Cuando se acumula el calor en el sistema, puede provocar pirosis o malestar estomacal, y estas hierbas rápidamente sofocan el ardor.

Extintor de fuegos

Hoja de filipéndula, 3 g
Hoja de malvavisco, 2 g
Hoja de menta piperita, 2 g
Flor de manzanilla, 2 g
Rosas, 1 g
Raíz de regaliz, 1 g
Corteza de olmo rojo en polvo,
 ½ cucharadita por taza (esta es una
 especie amenazada; compréla solo
 de una fuente ecológica y sostenible)
Jugo de aloe vera, un chorrito
 (o 1 cucharada) por taza

Salen 2-3 tazas de infusión para calmar el ardor de estómago.

Ponga todos los ingredientes en una tetera, excepto la corteza de olmo rojo y el jugo de aloe vera. Añada 500 ml de agua filtrada recién hervida. Deje reposar 1 hora, luego cuélelo. Deje enfriar. Agregue ½ cucharadita de corteza de olmo rojo en polvo y un chorrito de jugo de aloe vera a cada taza de la infusión enfriada y tómela fría.

Hoja de filipéndula Conocida como la «reina de los prados», es astringente y específica para el ardor de estómago y la indigestión provocada por el ácido. No es la hierba que mejor sabe del mundo, pero su efecto es espectacular.

Hoja de malvavisco Suave como el terciopelo, calma los sistemas digestivos irritados y el ardor.

Hoja de menta piperita Solo una pizca de menta refresca al instante un sistema digestivo en llamas.

Flor de manzanilla Algo amarga, esta flor amarilla alivia la inflamación del estómago.

Rosas El remedio perfecto para calmar el ardor. Los pétalos de rosa también ayudan a apaciguar problemas emocionales que puedan provocar malestar estomacal.

Raíz de regaliz Sus cualidades sedosas y calmantes rebajan la acidez, mientras que su dulzor calma la irritación causada por el dolor digestivo. También contrarresta el amargor de las otras hierbas de la infusión.

Corteza de olmo rojo Verdadero *demulcente* con mucílago que recubre las membranas mucosas del intestino ayudando a protegerlo y mitigar el ardor.

Jugo de aloe vera Es la guinda del pastel: refrescante, curativo y perfecto para calmar el ardor.

Equilibrio natural

Cuando el fuego digestivo es débil no es capaz de convertir los alimentos en energía nutritiva. Entonces los alimentos se almacenan en forma de grasa y se inicia un círculo vicioso en que la digestión se ralentiza y se va aumentando de peso. Este té estimula el metabolismo para hallar su peso equilibrado natural. Es de sabor fuerte.

Corteza de canela, 4 g
Raíz de jengibre en polvo, 2 g
Piel de naranja, 2 g
Té verde, 2 g
Raíz de cúrcuma en polvo, 1 g
Pimienta negra, 1 g
Aceite esencial de naranja,
    una gota por taza

Salen 2-3 tazas de té para favorecer la digestión y un peso equilibrado, que funciona con mucho ejercicio físico.

Ponga todos los ingredientes en una tetera, excepto el aceite esencial de naranja. Añada 500 ml de agua filtrada recién hervida. Deje reposar 10-15 minutos, luego cuélelo. Agregue una gota de aceite esencial de naranja a cada taza.

Corteza de canela Caliente, cálida, dulce y astringente, la canela activa el metabolismo. En especial, ayuda a regular el nivel de azúcar para que la resistencia a la insulina no provoque almacenamiento de grasa. Además, reduce el colesterol total. Es mi especia preferida para conseguir un peso equilibrado y saludable.

Raíz de jengibre Picante y estimulante, refuerza el sistema digestivo y ayuda al metabolismo a trabajar más eficazmente.

Piel de naranja Según la doctrina de las signaturas (página 15), la piel de naranja sugiere su efecto, es decir, es buena para la celulitis. Sus propiedades cálidas ayudan a activar la digestión y el metabolismo. Añadir aceite esencial de naranja ayuda a despertar la función digestiva y disipar la letargia.

Té verde Un excelente termogénico que activa la fuerza vital y ayuda a metabolizar la grasa.

Raíz de cúrcuma Utilizada desde antiguo para favorecer el proceso digestivo y ayudar a reducir la obesidad, recientemente se ha demostrado que fomenta un porcentaje saludable de grasa corporal.

Pimienta negra Enciende como un cohete el metabolismo.

Para favorecer más el sistema digestivo, tome Té *triphala* (página 64), además de Equilibrio natural.

Nutrición y digestión

Esta es una infusión peculiar. No es un té normal, sino más bien una infusión fría empleada en el ayurveda por sus propiedades digestivas y rejuvenecedoras. Digamos que posee un sabor astringente «terapéutico», pero es también agradablemente agridulce.

Té *triphala*

Polvos *triphala*, 1-3 g, alrededor de 1 cucharadita

Sale 1 taza de infusión medicinal.

Ponga los polvos *triphala* en un vaso y añada 200 ml de agua fría. Cubra y deje reposar toda la noche. (Para una experiencia cósmica, deje el vaso a la luz de la luna.) Al día siguiente, beba el líquido para comenzar la mañana de forma refrescante.

Triphala La fórmula más famosa del ayurveda se elabora a partes iguales con tres frutas: chebula, *bibhitaki* y mirobálano. Ayuda a purificar y nutrir, y tradicionalmente se usa para cuidar la salud del tracto digestivo. Utilice el *triphala* cuando perciba letargia intestinal, estreñimiento, hinchazón, flatulencia, dolor abdominal e indigestión. Puede ayudar a curar úlceras, reducir inflamación, curar hemorroides y equilibrar la presencia microbiana del tracto gastrointestinal. Si suele estar estreñido, utilice el *triphala* con cáscara de semilla de zaragatona para aportar humedad al intestino. Como digestivo de toxinas, ayuda a aliviar una lengua vellosa y un intestino en fermentación; como aperitivo, favorece un saludable deseo de comer; como purificador de la sangre, reduce las impurezas de la piel; y como laxante suave, alivia el estreñimiento sin causar dependencia. Redirige el flujo de energía hacia abajo, fomentando el movimiento intestinal. En general, rejuvenece todo el cuerpo y se considera que alarga la vida.

Tan solo 2 g de *triphala* tienen un poder antioxidante más potente que una taza de cerezas.

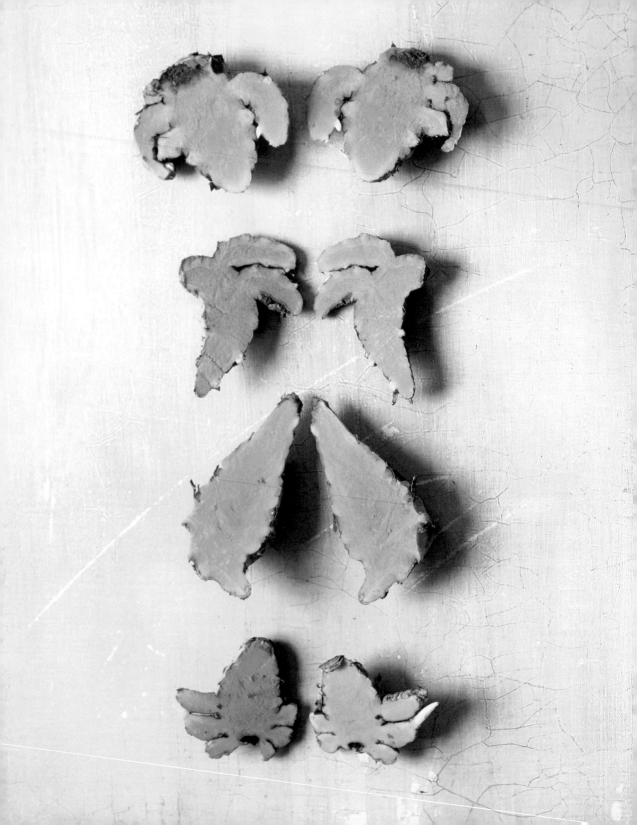

Energía y rejuveneci- miento

«El rejuvenecimiento proporciona una vida larga y libre de enfermedad, una buena memoria, inteligencia, juventud, belleza, voz dulce, respeto y resplandor.»
Doctor ayurveda Charaka, del texto *Charaka Samhita*, escrito hace unos 2.000 años

El rejuvenecimiento es tan importante como la limpieza y la nutrición. Ayuda a vivir con alegría y vitalidad. El ayurveda llama *rasayana* al rejuvenecimiento. *Rasa* significa «jugoso» y *ayana* «extender» –«extender el jugo»–, de modo que el rejuvenecimiento es el aumento tanto de la calidad como la cantidad de «jugosidad», satisfacción y disfrute de la vida.

Imagine que se siente lleno de energía, repleto de vitalidad, con ojos brillantes, piel limpia, heridas que se curan rápidamente, deseos saludables y colmado de optimismo. Es la energía que aporta el rejuvenecimiento.

La vida es más difícil cuando no nos sentimos del todo bien. La salud es riqueza, y la mejor manera de mantenerla consiste en renovar y alimentar cuerpo y mente. El rejuvenecimiento acelera la recuperación de la enfermedad, mejora la memoria y el intelecto, favorece la longevidad y retrasa los signos de envejecimiento. Debemos rejuvenecernos constantemente porque lo contrario significa funcionar siempre por debajo de nuestras posibilidades.

Como la mayoría de desequilibrios de la salud surgen de algún tipo de carencia o debilidad, cuando uno anda agotado, sin duda se ve afectada su inmunidad. Cuando existe alguna «carencia» es típico sentirse cansado y estresado, y mostrar un aspecto apagado. Es el resultado natural de una vida ajetreada en que se da más de lo que se recibe. Nos ocurre a todos, pero el truco consiste en saber recuperarse. En esencia, hay que invertir el proceso de declive con ayudas rejuvenecedoras: unas vacaciones, una clase de yoga, un masaje o una actividad con los amigos y la familia. También se puede optimizar la energía a diario regulando el estilo de vida, la dieta y las infusiones a base de hierbas.

Mis maneras favoritas de rejuvenecer son el yoga, la respiración y, por supuesto, una buena infusión. Una dieta variada, masajes y estar enamorado también son factores rejuvenecedores, pero como este es un libro sobre infusiones, vamos a hablar de algunas plantas.

Piense en las hierbas rejuvenecedoras como si fueran tónicos micronutrientes que favorecen el bienestar. Plantas como el *ginseng*, la hierba mora mayor y la hierba *shatavari* son famosas por su efecto rejuvenecedor. Una característica asombrosa de la mayoría de ellas es su capacidad para ayudarnos a adaptarnos al estrés, por eso, muchas se conocen como *adaptógenos*. Suelen crecer en climas extremos, donde adquieren la energía para ajustarse a un entorno estresante. Su excelencia se manifiesta a partir de su naturaleza no específica: los *adaptógenos* son perfectos generalistas. Llevan a cabo multitud de acciones en diversos órganos y tejidos al mismo tiempo. En ocasiones nos animan, en ocasiones nos empujan, pero siempre nos refuerzan.

Para la conversión de gramos a cucharaditas, véase la página 24

El cielo en una taza. Dorado, sedoso y dulce, este elixir alimenta el cerebro y los músculos.

Elixir nutritivo de almendras y azafrán

Almendras, 10
Azafrán, 5 hebras
Semilla de cardamomo, de 1-2 vainas
Agua, 150 ml
Miel, al gusto

Sale 1 taza de infusión nutritiva.

Deje las almendras en remojo toda la noche. Al día siguiente, pélelas. Tritúrelas sin piel con el azafrán, el cardamomo y el agua. Añada miel al gusto. Tome el elixir en ayunas por la mañana para experimentar una súbita alegría.

Almendras Considerado en el ayurveda un rejuvenecedor por excelencia, este fruto seco rico en nutrientes alimenta los tejidos profundos de los sistemas reproductivo, nervioso y óseo, y favorece la fuerza y la vitalidad. Remojar las almendras las activa, de modo que en ellas brota la vida enzimática.

Azafrán Esta delicada belleza está repleta de la esencia de la vida. Es un reconocido rejuvenecedor que sube el ánimo y llega a lo más profundo del organismo para actuar como afrodisíaco tanto para hombres como mujeres.

Semilla de cardamomo El aroma etéreo del cardamomo despierta del letargo y ayuda a activar el sistema digestivo y la mente.

Miel El elixir de la naturaleza, proporciona placer, energía y satisfacción.

Energía y rejuvenecimiento

Un cálido néctar para nutrir en profundidad. Ayuda a recuperar la energía nerviosa y sexual. Es literalmente una bendición. Es relajante, por lo que es ideal tomar la infusión antes de acostarse. Posee todos los beneficios del Elixir nutritivo de almendras y azafrán (p. 70), pero con las propiedades calmantes de la leche caliente, la nuez moscada y la hierba mora mayor.

Leche dorada bendita

Leche de almendra, arroz u otra clase,
   150 ml
Almendras molidas, 2 cucharaditas
Vainas de cardamomo, 2 (algo
   chafadas/partidas)
Azafrán, 5 hebras
Raíz de cúrcuma en polvo, una pizca
Nuez moscada en polvo, una pizca
Raíz de hierba mora mayor,
   ¼ de cucharadita
Miel, al gusto

Sale 1 taza de una infusión llena de dicha.

Caliente a fuego bajo la leche unos minutos, luego añada el resto de ingredientes, excepto la miel. Viértalo en una taza e incorpore la miel. (La hierba mora mayor en polvo tiene un sabor especial, por lo que tal vez prefiera tomarla en forma de cápsula acompañando la leche.) Las almendras molidas se precipitan al fondo, remueva bien antes de beber.

Almendras Este delicioso fruto seco es dulce, caliente, pesado y aceitoso. Sustenta, fortalece y posee cualidades afrodisíacas que fomentan la fertilidad.

Vainas de cardamomo Los aceites esenciales aromáticos del cardamomo se usan para ayudar a digerir las grasas nutritivas de este elixir reconstituyente.

Azafrán Una de sus cualidades destacables es que los pigmentos de color son tanto hidrosolubles como liposolubles, lo que significa que sus cualidades contra la depresión, beneficiosas para la circulación y afrodisíacas se aprovechan fácilmente y solo es necesaria una pequeña cantidad.

Raíz de cúrcuma Un poco de este ingrediente mágico favorece la digestión y aporta un poco más de vida a la vida. Como la cúrcuma ayuda a aumentar el flujo sanguíneo en el interior de los tejidos y órganos, aporta más nutrición y salud a cuerpo y mente.

Nuez moscada Se cree que «guarda la energía en el interior», es calmante y ayuda a romper el agotador insomnio pasajero.

Raíz de hierba mora mayor Es uno de los mejores regalos de la naturaleza: nos ayuda a dormir bien, por tanto, nos da energía. Su nombre en latín es *Withania somnifera*, que alude a sus suaves efectos soporíferos, acentuados cuando se toma de noche con leche caliente. Su otro nombre, *ashwagandha*, significa «el olor del caballo»: no olerá usted a caballo al día siguiente, pero se despertará con la gracia, elegancia y vigor de este animal.

Energía y rejuvenecimiento

Esto es la quintaesencia de la infusión: algo terrosa, herbácea y rica en minerales.

Té de ortigas nutritivo

Hoja de ortiga, 30 g

Salen 2-3 tazas de infusión de ortigas.

Ponga las hojas de ortiga en una tetera. Añada 500 ml de agua fría. Deje reposar 2-4 horas (incluso toda la noche) y luego cuélelo para obtener una bebida verdaderamente nutritiva que puede ir tomando a lo largo del día.

Hoja de ortiga De la palabra *ortiga* deriva el adjetivo *urticante*. A los que hayan experimentado la sensación de comezón que esta planta produce no hará falta que les diga más. Su papel en la cultura de la humanidad es elogiable, como fibra para fabricar ropa, redes, papel, tintes, cuajada vegetariana y cerveza, y por supuesto, beneficia nuestra salud.

Es un tónico *alterativo* reconocido, lo cual significa que ayuda al funcionamiento del organismo para alterar y mejorar la salud. Suelen utilizarlo personas que necesitan nutrición adicional, durante el embarazo o la lactancia, por ejemplo, porque contiene múltiples nutrientes, como vitaminas B, C, K, betacaroteno, proteínas y ácidos grasos esenciales, además de minerales (potasio, calcio, cromo, magnesio, silicio, manganeso, fósforo, hierro, selenio). Su poder astringente le proporciona la capacidad de detener el sangrado, lo cual ayuda a equilibrar las menstruaciones abundantes, además de las hemorragias nasales.

La ortiga puede ser tanto rejuvenecedora como purificante: como tónico rejuvenecedor, puede producir sangre; como desintoxicante, puede secar los residuos y despejar la congestión mucosa. Se emplea con frecuencia como «depurativo primaveral» y sus efectos limpiadores se extienden al sistema urinario (contra la cistitis), además de la piel (para eczemas y psoriasis) y las articulaciones (para la artritis). La ortiga es una planta potente y redonda.

Tónico celestial de vitalidad imperial

La sangre es evidentemente una parte muy importante de nuestros cuerpos: nutre la piel, los órganos o los tejidos, y transporta oxígeno y *prana* –la antigua expresión india que define la fuerza inmaterial que anima la vida–. Este sirope tónico es una versión de una vieja receta con melazas vegetales utilizada para fortalecer la sangre. Lo he «globalizado» con la inclusión de hierbas de las tradiciones ayurvédica, china y europea. Elaborarlo requiere un poco de esfuerzo porque combina los principios de preparar un té y una sopa.

Hoja de ortiga, 30 g
Raíz de tragacanto, 20 g
Raíz de angélica china, 20 g
Raíz de romaza, 20 g
Raíz de hierba *shatavari*, 10 g
Raíz de hierba mora mayor, 10 g
Remolacha fresca, 1
Melaza, 1 kg

Con esta receta sale tónico para un mes. Consérvelo en una botella en el frigorífico.

Tome 2 cucharadas 2 veces al día para recuperar la fuerza, nutrir la sangre y rejuvenecer.

Ponga las hojas de ortiga en un cazo. Añada 500 ml de agua fría. Deje reposar 4 horas y luego cuélelo. Disponga el resto de ingredientes, excepto la melaza, en un cazo de base gruesa con tapa. Hiérvalos a fuego lento con 750 ml de agua con la tapa durante 35 minutos, luego cuélelos. (Puede echar las hierbas coladas al compost.) Mezcle los dos líquidos en un cazo. Debería obtener alrededor de 1 litro de líquido. Si necesita reducirlo, hiérvalo a fuego lento en el cazo sin la tapa hasta obtener 1 litro. Luego añada la melaza.

Este tónico es especialmente indicado para vegetarianos y personas premenopáusicas. A pesar de que las hierbas de la fórmula presentan niveles bajos de nutrientes, se ha demostrado que potencian la capacidad de asimilación del hierro y aumentan el nivel de hemoglobina además del de B_{12}, especialmente cuando se toma con melaza.

Continúa en la página siguiente

Energía y rejuvenecimiento

Tónico celestial de vitalidad imperial

Hoja de ortiga La ortiga actúa como carroñero de nutrientes de la naturaleza y los extrae de la tierra para hacerlos accesibles para nosotros. Es tan rica en minerales que de hecho posee un sabor metálico.

Raíz de tragacanto Hierba ideal para mejorar los niveles de energía, inmunidad y vitalidad. Es dulce y devuelve la energía al cuerpo, activándolo y subiendo el ánimo.

Raíz de angélica china Uno de los mejores tónicos nutritivos para la sangre, esta parienta del levístico y la angélica europea favorece la creación de la esencia natural de la vida.

Raíz de romaza Combinada con la melaza para nutrir la sangre, sus propiedades tonificantes también poseen un efecto positivo en el hígado.

Raíz de hierba *shatavari* El mejor rejuvenecedor, especialmente para mujeres, que ayuda a nutrir el sistema reproductivo, esencialmente alimentado por la sangre.

Raíz de hierba mora mayor Contiene un poco de hierro y fortalece la sangre. Cuando la sangre tiene fuerza, podemos estar calmados y estabilizados; si la sangre es débil, podemos sentirnos más vulnerables emocionalmente.

Remolacha fresca Repleta de hierro, calcio, vitaminas A y C, es el paradigma de la planta nutritiva. Roja como la sangre, también contiene un pigmento llamado betanina que es un potente purificador del hígado y bueno para producir sangre.

Melaza Este pegajoso sirope es un elixir rico en minerales y nutrientes, elaborado a partir de un subproducto de la producción de azúcar que es pobre en sacarosa y rico en vitamina B_6 y minerales como hierro, calcio, magnesio, manganeso y potasio. Especialmente rica en hierro, es un tónico excelente para la sangre y se sabe que la fortalece, a la vez que ayuda a fortalecer el ánimo.

Energía y rejuvenecimiento

Cuesta superar un clásico. Fresca, dulce y vivificante, esta es una bebida para disfrutarla libremente a lo largo de todo el día.

Menta y regaliz

Hoja de menta piperita, 6 g
Raíz de regaliz, 3 g

Salen 2-3 tazas de una infusión clásica.

Ponga los ingredientes en una tetera. Añada 500 ml de agua filtrada recién hervida. Deje reposar 5-10 minutos, luego cuélelo.

Hoja de menta Dulce, refrescante, ligera y ascendente, la menta equilibra los tres tipos de constitución del ayurveda. La aromática hoja es un conocido digestivo que alivia los espasmos estomacales y reduce las molestias digestivas. Tanto la mente como el sistema digestivo tienen el cometido de asimilar las dificultades de la vida: cuide su digestión y cuidará también su mente. Tomar infusión de menta es una buena manera de ayudar al estómago a que ayude al cerebro.

Raíz de regaliz Muy dulce, algo refrescante y conocido *demulcente*, es un ingrediente favorito para infusión. Una destacable cualidad del regaliz es que su dulzor es 50 veces mayor que el de la sacarosa. En sánscrito, latín y chino, las palabras que significan regaliz se traducen como «palo dulce» (*yastimadhu* en sánscrito, *Glycyrrhiza* en latín y *gan cao* en chino). Su dulzor refleja sus cualidades tonificantes: fortalece directamente los riñones, nutre el sistema nervioso, calma el malestar digestivo y aporta una apacible energía.

Energía y rejuvenecimiento

Perfecta para cuando uno necesita algo sustancioso al instante. Prepare la infusión cuando le apetezca un capricho.

Bebida rejuvenecedora de cacao y naranja

Raíz de *ginseng*, 3 g
Raíz de chicoria tostada, 5 g
Piel de naranja, 3 g
Raíz de regaliz, 2 g
Cacao en polvo, 1 g por taza
Aceite esencial de naranja, 1 gota
    por taza
Miel, al gusto

Salen 2-3 tazas de té saciante y rejuvenecedor.

Disponga el *ginseng* en un cazo con tapa. Agregue 200 ml de agua fría y deje hervir a fuego lento con tapa 30 minutos. Incorpore la raíz de chicoria, la piel de naranja y la raíz de regaliz junto con 400 ml de agua filtrada recién hervida. Deje reposar 10-15 minutos. Sirva el cacao en las tazas. Cuando el té haya reposado, cuélelo y viértalo sobre el cacao. Remueva y acabe con una gota de aceite esencial de naranja en cada taza. (Si no dispone de tiempo, no hierva el *ginseng*, o no lo utilice.)

Raíz de *ginseng* Muy valiosa (¡tarda dos años en crecer!), es ideal para hervirla y extraer lo mejor de ella. Es una de las mejores opciones para aportar energía, despierta inmediatamente la vitalidad y pone a punto para la acción.
Raíz de chicoria tostada Un tónico amargo muy usado. Tostar la chicoria extrae su sabor y cuando se emplea en infusión aporta color y riqueza a la bebida. Puede sustituirla por diente de león tostado.
Piel de naranja Sabe a vitalidad. Favorece la digestión y despeja la mente.
Raíz de regaliz Es un rejuvenecedor maravilloso para los sistemas renal y nervioso. Ayuda a gestionar el estrés y tolerarlo mejor.
Cacao en polvo Todo un deleite, levanta el ánimo, es afrodisíaco y es un tónico nutritivo a la vez.

Para un efecto redondo, utilice raíz entera de *ginseng* ecológico. Véase la sección de Proveedores de la página 232.

Energía y rejuvenecimiento

Vendido en puestos de té en toda la India, esta es la versión india de un clásico británico: un cálido té negro suavemente aromatizado y endulzado. Salvador de muchos momentos de nivel bajo de azúcar en sangre, es rico, dulce, especiado y energizante, y se disfruta más en días fríos de invierno. Además de saber de maravilla, el cardamomo y el jengibre calientan la digestión y ayudan a contrarrestar la mucosidad que pueda producir la leche. Es ideal para preparar con un té muy fuerte: mi preferido es el Assam.

Cha de marajá

Hojas sueltas de té Assam negro (o abra una bolsita), 3 g
Raíz fresca de jengibre, 2 rodajas
Vainas de cardamomo, 3
Leche (de cualquier tipo), 200 ml
Azúcar, una pizca por taza (opcional)

Salen 4 tazas de té bien caliente si se sirve en vasos auténticos para cha.

Caliente 200 ml de agua en un cazo y, cuando comience a hervir, añada el té negro. Agregue el jengibre y el cardamomo. Deje hervir un par de minutos, luego añada la leche. Cuando empiece a hervir, eche el azúcar (si lo usa), luego retire del fuego. Cuélelo enseguida y sirva. Sople para que se enfríe y tómelo con amigos.

Raíz de jengibre Suele utilizarse para el cha por sus cualidades cálidas y digestivas.
Vainas de cardamomo Este tesoro tropical de forma globular y color verde aporta al cha su delicioso sabor y, como cualquier buena taza de té, despeja la mente. Además, ayuda a reducir el efecto de formación de mucosidad de la leche.

Una alternativa sin cafeína al Cha de marajá (p. 84). Lo tomo cuando me apetece un sabor tropical reconfortante.

Cha herbal dulce

Corteza de canela, 3 g
Raíz de jengibre en polvo, 2 g
Vaina de cardamomo, 2 g
Raíz de regaliz, 2 g
Vaina de vainilla, 1 g (o al gusto)

Salen 2-3 tazas de vitalidad tropical.

Ponga todos los ingredientes en un cazo con tapa. Añada 500 ml de agua filtrada recién hervida. Deje reposar 10-15 minutos (o, para un té más fuerte, deje hervir en el cazo con la tapa 10-15 minutos), luego cuélelo.

Corteza de canela Dulce y especiada, calienta y pone en marcha.

Raíz de jengibre El cálido jengibre es un ingrediente esencial en todo cha. Ideal para la digestión y para dar un toque de sabor, ayuda a espabilarse.

Vaina de cardamomo Esta fragante vaina despierta la mente y aporta autenticidad al cha.

Raíz de regaliz Es un endulzante fantástico y mucho más saludable que el azúcar.

Vaina de vainilla Una delicia tropical, satisface mente, cuerpo, alma y papilas gustativas por igual.

Elévate como una estrella

Este té energizante le pondrá en marcha para empezar el día o cuando necesite un empujoncito. Las fragantes especias proporcionan brío ideal para mañanas perezosas.

Anís estrellado, 3 g
Corteza de canela, 2 g
Hoja de menta piperita, 2 g
Té verde, 1 g
Raíz de jengibre en polvo, 1 g
Raíz de regaliz, 1 g

Salen 2-3 tazas de té para despejar el letargo.

Ponga todos los ingredientes en una tetera. Añada 500 ml de agua filtrada recién hervida. Deje reposar 10-15 minutos, luego cuélelo.

Anís estrellado Esta especia de aspecto celestial es maravillosamente aromática y posee un sabor dulce singular. Despierta los sentidos y recuerda lo deliciosa que puede resultar la vida.

Corteza de canela Una especia favorita entre los primeros exploradores que buscaban sus efectos terapéuticos. Favorece la digestión y aumenta la circulación. Es muy buena para aclarar el pecho después del torpor de la noche.

Hoja de menta piperita Suavemente caliente para la digestión, ayuda a mitigar la pesadez de estómago o la desgana y a levantar el ánimo.

Té verde Contiene pequeñas cantidades de cafeína que pueden ayudar a estimular. También es algo amargo y astringente, lo cual favorece la desaparición de la sensación de languidez.

Raíz de jengibre Esta maravilla es fantástica para equilibrar la pesadez del *kapha* y es energizante.

Raíz de regaliz Un tónico activador renal que aumenta el nivel de energía.

Paz y
armonía

«En tu interior se halla la quietud y un santuario donde puedes retirarte en cualquier momento y ser tú mismo.»
Hermann Hesse

Esta cita que invita a la reflexión del novelista, poeta y místico literario Hermann Hesse me recuerda que, aunque no siempre lo parezca, poseo el control de mi mundo y siempre se me brinda la oportunidad de hallar paz en mi interior.

De alguna manera, todos vivimos estresados, y esto no es necesariamente algo malo. La gravedad es un estrés que nos mantiene sobre la Tierra; y la fuerza del estrés gravitatorio solar mantiene a la Tierra en una elipse ubicada tan perfectamente que la vida puede florecer en nuestro planeta. No obstante, demasiado estrés puede empujar un objeto –o una persona– al límite.

El estrés está implicado en muchos problemas de salud, desde el insomnio hasta la dermatitis o el síndrome del intestino irritable y la ansiedad. El ayurveda percibe los síntomas del estrés como el resultado de «vivir por encima de nuestras posibilidades». Si vive usted con exceso de estrés, es aconsejable que recupere las reservas de paz y armonía para poder procesar mejor el estrés al que todos nos enfrentamos.

Existen numerosas maneras de gestionar los desafíos del día a día, incluidos ejercicios sencillos de respiración, meditación, masaje o plantas medicinales para sedar, estimular, nutrir, alimentar y relajar el sistema nervioso.

He aquí algunos de los recursos que nos ofrece la naturaleza para recuperar la paz, el espacio, la calma y la armonía. Recomiendo tomarlos periódicamente.

Para la conversión de gramos a cucharaditas, véase la página 24

Las exquisitas flores amarillas de la manzanilla están llenas de dulzor delicado que ayuda a apaciguar el alma. Solo con olerlas, uno se siente más uno mismo.

Manzanilla fresca

Flor de manzanilla, 6 g

Salen 2-3 tazas de apacible infusión de manzanilla.

Ponga las flores de manzanilla en una tetera. Añada 500 ml de agua filtrada recién hervida. Deje reposar 10-15 minutos, luego cuélelo.

No confunda la manzanilla con la manzanilla romana (*Anthemis nobilis*), que si bien está repleta de beneficios, es mucho más amarga y no resulta una bebida muy agradable.

Si tiene los ojos irritados, cúbralos con una bolsita de manzanilla (después de disfrutar de la infusión y haberla enfriado). También puede remojar una toallita en la infusión y escurrirla. Luego, túmbese, disponga la toallita mojada sobre los ojos y relájese unos minutos.

Flor de manzanilla Es muy delicada y almacena la mayor parte de su preciado aceite esencial en el polen: las partes amarillas de la cabeza floral. El aceite esencial de manzanilla es una compleja combinación de muchos aceites individuales que adquieren un color azul cuando se destilan como aceite esencial puro. Además de un delicioso aroma, el aceite posee propiedades antiinflamatorias, antiespasmódicas y antimicrobianas.

Gran parte de la infusión de manzanilla que se produce en masa incluye muchos tallos, de modo que no presenta niveles elevados de estos compuestos ni un gran sabor. Pruebe a utilizar el polen de manzanilla o la flor entera para obtener el mejor beneficio y sabor.

Los sabores frescos y herbáceos de la manzanilla aúnan notas dulces y algo amargas, lo cual ayuda a refrescarse y animarse. Es una hierba popular para relajar el sistema nervioso y suele emplearse para inducir un buen sueño, apaciguar unas piernas inquietas y calmar espasmos digestivos, musculares y uterinos. Su capacidad para equilibrar los niveles hormonales como el de estrógeno, además de eliminar el dolor espasmódico de la menstruación, la hacen muy indicada para la salud femenina. Estos beneficios se reflejan en su nombre científico, *Matricaria recutita*, derivado de la palabra latina *matrix*, que significa «útero».

Siempre se puede recurrir a la manzanilla para reducir la leve ansiedad *vata* y formar una barrera protectora del estrés. Es una planta indicada para los niños, ya que calma el dolor de la dentición, el malestar estomacal y las noches de desasosiego.

El ligero sabor amargo de la manzanilla la convierte en un magnífico digestivo, ayuda a facilitar la digestión, rebajar la hinchazón, los calambres y la gastritis, además de proteger de úlceras e inflamación *pitta* por acidez. Cuando el cuerpo está relajado, la mente también: déjese llevar por la intuición y recurra a la manzanilla cuando se halle en un momento de angustia.

Una taza de cariño

Una mezcla de flores que aportan el cariño de la naturaleza. Beba para recuperar un corazón roto o simplemente cuando desee un sorbito de amor.

Flor de manzanilla, 3 g
Flor de tilo, 2 g
Pétalos de caléndula, 2 g
Rosa, 1 g
Flor de lavanda, 1 g
Raíz de regaliz, 1 g

Salen 3 tazas de cariño.

Ponga todos los ingredientes en una tetera. Añada 500 ml de agua filtrada recién hervida. Deje reposar 10-15 minutos, luego cuélelo y deje que el amor fluya.

Esta infusión es fenomenal como baño de pies para relajarse y sumergirse en el agua del amor. De hecho, es una preciosidad con los pétalos. Aumente las medidas indicadas y remoje los pies en el agua caliente para disfrutar de este baño.

Flor de manzanilla Esta florecilla amarilla trae paz al corazón. Al relajar el cuerpo, relaja la mente, y ayuda a conectar con los sentimientos.

Flor de tilo Las divinas flores de este enorme árbol le relajarán y entrará en un estado de ánimo que le facilitará la conexión con el amor.

Pétalos de caléndula La madre de todas las plantas medicinales, denominada caléndula porque suele florecer todo el año, aporta alegría y color a la infusión y a la vida. Cura toda clase de traumas, tanto físicos como emocionales. Es específica para la irritación de la piel, y se puede aplicar infusión pura de caléndula como compresa sobre quemaduras y llagas. Su capacidad de equilibrar es especialmente útil cuando el ciclo menstrual es irregular o doloroso.

Rosa El aroma del amor por excelencia. La rosa posee una afinidad especial con el corazón, y ayuda a abrirse a las ilimitadas posibilidades del amor.

Flor de lavanda Con solo olerla, la lavanda alegra el corazón, calma el dolor y nos hace sentir que todo es posible.

Raíz de regaliz Dulce y calmante, se usa para acentuar la sensación de amor y compasión, además de compensar las notas algo ácidas de esta infusión floral.

Pura claridad

Esta infusión le acerca un paso más a la iluminación. Trae luz a su mente para que pueda pensar con claridad ante las dificultades de la vida. Tómela cuando necesite más concentración, pensar más claramente y reforzar la memoria.

Hoja de albahaca sagrada, 3 g
Hoja de romero, 2 g
Vaina de cardamomo, 2 g
Hoja de menta piperita, 2 g
Flor de lavanda, 1 g

Salen 2 tazas de iluminación.

Ponga todos los ingredientes en una tetera. Añada 500 ml de agua filtrada recién hervida. Deje reposar 10-15 minutos, luego cuélelo.

Hoja de albahaca sagrada Profundamente arraigada en la cultura india, esta hoja reverenciada mejora ligeramente la reacción a los retos físicos y mentales. Es rica en antioxidantes y famosa por sus propiedades protectoras y antiedad. En el ayurveda se le reconoce capacidad de aumentar el *prana*, que levanta el ánimo y prepara el camino hacia una mayor claridad.

Hoja de romero Recuerde que es bueno para la memoria. Con maravillosas propiedades rejuvenecedoras, es un tónico mental potente que enseguida le hará sentir más despierto.

Vaina de cardamomo Enormemente inspirador, acaba con la sensación de espesor mental.

Hoja de menta piperita Un toque de menta sube a la cabeza todas las hierbas: contiene aceites esenciales que nos levantan y nos ayudan a mantener la mente despierta.

Flor de lavanda Una planta indicada para la pesadez mental, ayuda a relajarse para pensar más claramente.

Té de la paz

Estas hierbas ayudan a acercarse a la paz, sorbo a sorbo.

Flor de manzanilla, 3 g
Hoja de menta piperita, 2 g
Flor de lavanda, 2 g
Raíz de regaliz, 1 g
Hoja de cannabis, 1 g (o lúpulo
   en su lugar)
Hoja de olivo, 1 g (opcional)

Salen 2-3 tazas de calma.

Ponga todos los ingredientes en una tetera. Añada 500 ml de agua filtrada recién hervida. Deje reposar 10-15 minutos, luego cuélelo e inhálelo al tomarlo.

Flor de manzanilla Si conoce la manzanilla, conoce la paz. Transporta a un lugar de quietud donde se halla la tranquilidad.
Hoja de menta piperita Esta hoja iluminadora es fresca y purificante, y ayuda a sentirse cómodo con uno mismo. Sus aceites esenciales son conocidos por ayudar a relajar el sistema nervioso y aportar tranquilidad cuando se precisa.
Flor de lavanda Nubes de paz fragante que vuelan suavemente y nos sumergen en un espacio morado de calma.
Raíz de regaliz Venerada por los budistas por fomentar la claridad durante la meditación, esta suave raíz tónica apoya, nutre y equilibra todo el sistema. Reconocida en el ayurveda por fortalecer el sistema nervioso y el intelecto, el regaliz rejuvenece la mente.
Hoja de cannabis Es un ingrediente opcional y solo se sugiere para personas que vivan donde su consumo sea legal. Algunos de sus compuestos resinosos ayudan a relajar el sistema nervioso y aportan al té un profundo sabor herbáceo.
Lúpulo Una alternativa a la hoja de cannabis, el lúpulo pertenece a la familia *Cannabinacea* y como sabe cualquier bebedor de cerveza, posee un suave efecto relajante.
Hoja de olivo Las palomas la llevan como ofrenda de paz. No posee un sabor demasiado interesante, pero sus poderosos antioxidantes son un regalo caído del cielo para las células estresadas. Añádala como ofrenda simbólica en su camino hacia la paz.

Una infusión dichosamente reposada, dulce y calmante. Útil cuando cuesta dormir o cuando uno se despierta por la noche. Deje que las hierbas endulcen sus sueños.

Dulces sueños

Flor de paja de avena, 3 g
Flor de tilo, 2 g
Flor de manzanilla, 2 g
Flor de lavanda, 1 g
Raíz de valeriana, 1 g
Raíz de regaliz, 1 g

Salen 2-3 tazas de dulces sueños.

Ponga todos los ingredientes en una tetera. Añada 500 ml de agua filtrada recién hervida. Deje reposar 10-15 minutos, luego cuélelo, sorba y duérmase.

Flor de paja de avena Esta dulce hierba le calmará de pies a cabeza. Recogida al florecer, la paja de avena alimenta el sistema nervioso y lo ayuda a relajarse. (Como se cosecha antes de que se forme el grano de avena, también está libre de gluten.)

Flor de tilo Una hierba dulce y delicada que ayuda a calmar el sistema nervioso y procura un sueño reparador. Aporta dulzor y sedosidad a la infusión.

Flor de manzanilla La hierba preferida por todos para conciliar el sueño por la noche.

Flor de lavanda Bellas flores moradas que calman el corazón, la mente y los sentidos.

Raíz de valeriana Esta reconocida raíz para dormir es aromática, relajante y calmante. Algunas personas no soportan su olor y a otros les encanta: sea como fuere, es intensa, de modo que con poca basta.

Raíz de regaliz Ayuda a calmar la mente al adentrarse en el reino de los sueños.

Tómatelo con calma

Como el estrés primero ataca el sistema nervioso y luego la digestión, esta infusión está diseñada para abordar el problema a la inversa. Primero relaja el sistema digestivo y luego tranquiliza. Es el té original de Pukka para equilibrar el estrés *vata*.

Semilla de hinojo, 3 g
Flor de manzanilla, 3 g
Vaina de cardamomo, 2 g
Raíz de jengibre en polvo, 2 g
Raíz de malvavisco, 2 g
Flor de paja de avena, 2 g
Raíz de regaliz, 1 g

Salen 2 tazas de calma.

Ponga todos los ingredientes en una tetera. Añada 500 ml de agua filtrada recién hervida. Deje reposar 10-15 minutos, luego cuélelo y relájese.

Semilla de hinojo Es una hierba maravillosa para favorecer la digestión. Las personas propensas al nerviosismo y la ansiedad suelen padecer malestar digestivo y el hinojo puede ayudar a contrarrestarlo. Su elevado contenido de aceites esenciales relaja y calma los músculos del sistema digestivo. Ayuda a evitar calambres y retortijones al reducir las ventosidades e hinchazón.

Flor de manzanilla Cuando estamos estresados, el sistema nervioso se resiente. Esta flor amarilla famosa en el mundo entero calma el sistema nervioso mientras su contenido en minerales alimenta el organismo. Además, es conocida por aliviar la digestión y los calambres y espasmos.

Vaina de cardamomo Esta gustosa semilla tropical es maravillosamente aromática. Favorece el buen funcionamiento de la digestión. También calienta y ayuda a relajar la tensión abdominal.

Raíz de jengibre Esta raíz picante favorece el perfecto funcionamiento del sistema digestivo. Estimula las enzimas digestivas y maximiza la capacidad de absorber los nutrientes de los alimentos.

Raíz de malvavisco Es muy suave y sanadora de las membranas mucosas del organismo. En especial, contrarresta la sequedad de las membranas y la inflamación de los sistemas digestivo, pulmonar, urinario y reproductivo.

Flor de paja de avena Dulce y calmante, nutre y relaja el sistema nervioso.

Raíz de regaliz Esta dulce raíz es ideal para calmar los espasmos e inflamación del tracto digestivo. También es excelente para fortalecer la debilidad del organismo, especialmente la causada por el estrés y la ansiedad.

Un buen té verde es trascendental, le lleva a uno a su Shangri-La interior. Hay gran diversidad de hojas de té verde deliciosas –Sencha, Long Jing, Gyokuro, Gunpowder, Dragonwell y Green Cloud–, elija la que prefiera. A mí me gustan cuando la hoja está entera y es de color verde vivo.

Té zen verde con matcha

Té verde, 4 g
Matcha, 1 g por taza

Salen 2 tazas de lo que muchos consideran un sabor y una experiencia del Nirvana.

Ponga el té verde en una tetera caliente. Añada 500 ml de agua filtrada hervida y reposada 1 o 2 minutos (el té verde es mejor con agua a 80-85 ºC para retener su dulzor y sabor astringente). Deje reposar 3-5 minutos, luego cuélelo. Mientras, añada el polvo de té matcha a cada taza. Cuando haya reposado, vierta el té verde sobre el matcha, remueva y sirva. Si utiliza un buen té verde, podrá rellenar la tetera para preparar una segunda taza.

Té verde El té verde se elabora a partir de hojas sin fermentar de *Camelia sinensis*, conocida como la planta del té. Después del agua, es la bebida más popular del mundo. Sabe dulce, delicadamente amargo y astringente, y resulta ligero y seco. Contiene algunos de los mejores polifenoles protectores antioxidantes y se considera una valiosa parte de la dieta. Ayuda tanto a calmarse como a recargarse de energía. Es indicado para la digestión, protege el hígado y facilita la claridad mental. Nos ayuda a sentirnos más en el momento presente, y más despiertos.

Matcha El matcha ceremonial se elabora a partir de los brotes tiernos de arbustos de té, que se ponen a la sombra un par de días antes de cosecharlos para aumentar la cantidad de aminoácidos (que aportan dulzor al té). Tras recogerlas, las hojas se muelen con piedras de molino. Un factor muy importante es la temperatura del matcha, de modo que el proceso de molido es extremadamente lento para evitar temperaturas elevadas que destruirían su calidad. La fibra se extrae del té molido, lo cual favorece el contenido de polifenoles y el sabor suave y sustancioso.

Cultivar matcha a la sombra aumenta además el volumen de clorofila medicinal, el de L-teanina, aminoácidos y polifenoles como el EGCG (epigalocatequina galato). Estos compuestos naturales aportan el sabor dulce y salado mineral conocido como umami. El raro aminoácido L-teanina ayuda a nutrir los neurotransmisores cerebrales, que ejercen una influencia positiva en el estado de ánimo y la sensación de paz interior. La L-teanina funciona en sinergia con los niveles bajos de cafeína del té verde, y el matcha ayuda a proporcionar una profunda sensación de calma, además de alerta. De hecho, la L-teanina ayuda a liberar ondas alfa cerebrales, lo cual también se produce tras una meditación profunda. La L-teanina es cinco veces más abundante en el té matcha que en el té verde.

Paz y armonía

Oolong

El té oolong es uno de los preferidos de los expertos en tés. Se elabora a partir de brotes de hojas verdes y su sabor va desde cremoso hasta meloso o cítrico. Yo prefiero el tipo de oolong floral más ligero de tono azul verdoso, pero las variedades más oscuras con sabor a malta también son populares. Tomar tés oolong puede ser tan inspirador como algunos de sus nombres: Ti Kuan Yin (diosa de la compasión) e Iron Buddha (Buda de hierro).

Oolong, 3g

Sale 1 taza de té repleto de inspiración.

Ponga el té oolong en una tetera o taza. Añada 250 ml de agua filtrada recién hervida reposada 1 o 2 minutos (las hojas de oolong están enroscadas y de despliegan mejor cuando el agua está a 85-90 °C, lo cual ayuda a retener su dulce sabor). Deje reposar unos 3 minutos antes de probarlo. Disfrute de la primera taza y luego aproveche el té para gozar de un par de tazas más: el oolong es cada vez mejor.

Oolong Estos tés mejoran y alargan la vida. Son famosos por ayudar a controlar el peso, ya que sus polifenoles antioxidantes ayudan al metabolismo y reducen el nivel de grasas. Regulan los niveles de azúcar e insulina en sangre, lo que evita las subidas y bajadas de azúcar. Esto impide que el azúcar excesivo se convierta en grasa, de modo que se puede decir que el efecto secundario de tomar oolong es que equilibra el peso. Otro regalo de la diosa de la compasión es una piel esplendorosa, que en esencia lo hace a uno bello como un Buda.

Alegría y felicidad

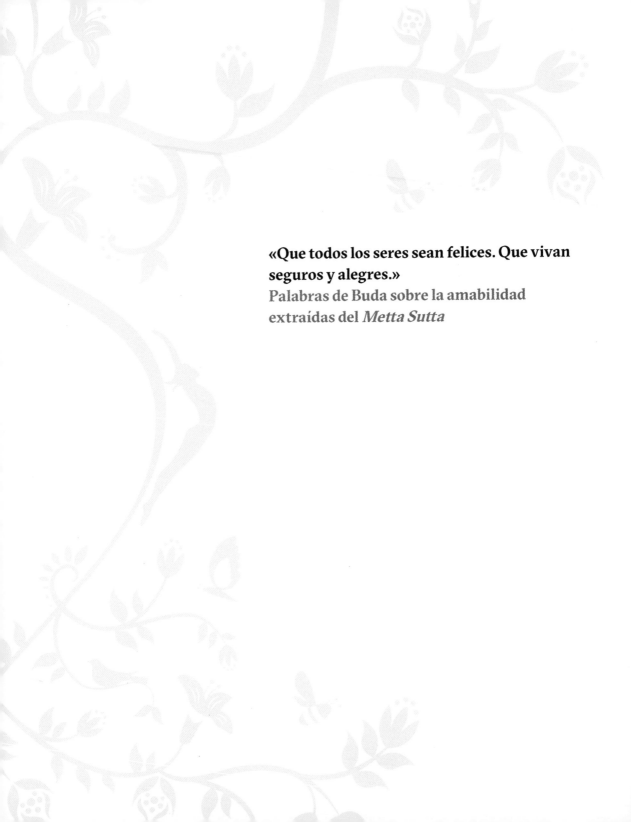

«Que todos los seres sean felices. Que vivan seguros y alegres.»
Palabras de Buda sobre la amabilidad extraídas del *Metta Sutta*

De vez en cuando todos precisamos un empujoncito. La vida puede ser complicada y exigente. Cuando nos pide más de lo que somos capaces de sobrellevar, puede afectarnos y hacernos perder nuestra chispa. Si ocurre con demasiada frecuencia, podemos acabar perdiendo la chispa, y esto es un problema que hay que solucionar.

Una de las mejores maneras de alegrarnos un poco el día consiste en recordar y valorar lo que tenemos. Sentarnos unos momentos con gratitud y observar las cosas y personas que queremos puede aportar una nueva perspectiva y recordarnos lo lleno que está en realidad nuestro vaso. Esto puede concretarse en algo tan simple como valorar que nos sintamos abrigados o que dispongamos de una cama blanda. O bien sentir gratitud por la vida misma.

La vida nos ofrece el increíble potencial de experimentar la felicidad. A lo largo de la historia, en mayor o menor medida, hemos perseguido la felicidad a través de las relaciones, la religión, el dinero, la comida, las drogas. Evidentemente, las plantas han estado en el centro de esta búsqueda, y muchas son adoradas en diferentes culturas por la trascendencia y el éxtasis que proporcionan. He aquí algunas de mis preferidas, capaces de ayudarnos a adentrarnos en el río de la alegría que perpetuamente fluye a través (o al menos cerca) de nuestras vidas.

Para la conversión de gramos a cucharaditas, véase la página 24

La melisa o toronjil es una planta querida por las abejas y, además, es conocida como bálsamo para las picadas de estos insectos. Disfrute de una ramita fresca cuando desee relajar el ceño y levantar el ánimo.

La magia de melisa

Hojas frescas de melisa, 2 ramitas (los 8 cm superiores, con 4-6 hojas)

Sale 1 taza de infusión mágica.

Ponga la melisa en una taza. Añada 250 ml de agua filtrada recién hervida. Deje reposar unos minutos y disfrute de la bebida con las hojas en la taza.

Coseche la melisa fresca antes de que florezca para obtener las hojas más dulces. Si no tiene acceso a la planta fresca, utilice 1 cucharadita de hoja seca de calidad.

Si posee una planta de melisa, recoja las hojas en primavera y principios de verano y séquelas a fin de conservarlas para el invierno.

Hoja de melisa Sus delicados aceites esenciales con un toque de limón, además de sus propiedades antioxidantes, se suman para despertar la consciencia. Puede emplearse como *carminativo* suave y calmante para niños y adultos. Es una hierba favorita para levantar el ánimo cuando uno se enfrenta a sentimientos de inseguridad, ansiedad y autocrítica. Presenta afinidad con la tiroides y puede resultar beneficiosa para calmar a las personas hiperactivas (aunque es mejor utilizarla ocasionalmente si se toma medicación tiroidea).

Rebosante de propiedades refrescantes, ayuda a mantener la calma y la serenidad. Su capacidad de aligerar la tensión favorece la abertura de la mente y mejora el razonamiento. Este efecto de apertura mental puede ayudar a aliviar cefaleas además de disipar un ánimo decaído. Es lo más efectivo como té para levantar el ánimo.

Que se haga la alegría

Cuando vienen mal dadas y el horizonte aparece nublado, tome esta mezcla de hierbas para la felicidad instantánea. No todas las experiencias de la vida son fáciles, pero esta infusión le ayudará a digerirlas.

Melisa, 3 g
Flor de tilo, 3 g
Flor de lavanda, 2 g
Hoja de romero, 1 g
Flor de hipérico, 1 g
Agua de rosas, 1 cucharadita por taza
Miel, unas gotas por taza

Salen 2 tazas de felicidad.

Ponga todos los ingredientes en una tetera, excepto el agua de rosas y la miel. Añada 500 ml de agua filtrada recién hervida. Deje reposar 10-15 minutos, luego cuélelo. Agregue el agua de rosas y la miel al gusto, luego tome sorbitos de felicidad.

Melisa El ánimo hecho hierba, abre la mente para poder conectar con el corazón.

Flor de tilo Mientras el dulce aroma de esta delicada flor aporta felicidad al momento, su sabor meloso también le alegrará el día.

Flor de lavanda Combina a la perfección con la melisa, disipa la ansiedad y proporciona alegría. Con solo olerla, ya nos hace sentir mejor.

Hoja de romero La felicidad está en todas partes, solo hay que encontrarla. El romero aparta las telarañas que enredan el ánimo y nos hace sentir alerta y receptivos a la alegría.

Flor de hipérico Es muy buena para ayudar a curar las heridas emocionales y «desencallar» las emociones. Al aclararse el ánimo, podemos empezar a sentirnos nosotros mismos de nuevo.

Agua de rosas Me encanta el agua de rosas. Tiene un efecto muy especial en el interior. Pruébela y verá.

Miel Es única. Guía esta fórmula a la cabeza y aporta energía inmediata al cerebro. El hipérico es un poco astringente, de modo que esta infusión precisa un lubricante dulce como la miel.

Alegría y felicidad

Té verde al jazmín

A la vida le faltaría un té asombroso si no existiera el de jazmín. El mejor té de jazmín se elabora con hojas secas de té verde de alta calidad que luego se «maceran» toda la noche con flores frescas de jazmín. Cuantas más flores se utilicen para la maceración, más delicioso resultará el té. Busque «perlas» de té verde al jazmín enrolladas a mano que se despliegan seductoramente ante sus ojos al añadirles agua caliente.

Té verde al jazmín, 2 g

Sale 1 taza de té exquisito.

Ponga el té verde al jazmín en una tetera o taza. Añada 250 ml de agua filtrada recién hervida y reposada 1 o 2 minutos (el té verde es mejor con agua a 80-85 ºC para retener su dulzor y sabor astringente). Deje reposar unos 3 minutos antes de probarlo. Disfrute de la primera taza y luego aproveche el té para gozar de un par de tazas más.

Té verde al jazmín El té verde contiene toda clase de compuestos que levantan el ánimo. La cafeína energiza y despeja la mente, mientras que su aminoácido L-teanina refresca.

Las flores de jazmín inmediatamente despiertan sensaciones de confort y paz. La sutil ligereza ayuda a elevar la consciencia a mayores niveles. Su dulce y exótica fragancia abre el corazón y prepara para el sabor de la alegría.

Alegría y felicidad

Limón divino

El limón sabe a felicidad. Su sabor cítrico nos transporta a nuestro paraíso interior. Las hierbas de este preparado con sabor a limón son ligeras, ascendentes y difusoras, y aportan claridad, energía y liberación.

Hierbaluisa fresca, 10 hojas
Hojas de melisa de 4 ramitas frescas
Hierba de limón, 1 tallo (o unas cuantas hojas)
Zumo de limón, unas gotas por taza

Salen 2 tazas de tierra prometida.

Ponga todos los ingredientes en una tetera, excepto el zumo de limón. Añada 500 ml de agua filtrada recién hervida. Deje reposar 10-15 minutos, luego cuélelo. Agregue unas gotas de zumo de limón a cada taza.

Zumo de limón El limón posee un clásico sabor ácido que resulta estimulante. Solo hay que lamer un limón abierto para comprobarlo. Si tiene una digestión pesada, se sentirá fatal; con el hígado sobrecargado, no será usted mismo; y si tiene la mente espesa, lo mejor es acostarse. Pero no tema porque aquí está el limón divino: estimula la digestión, ayuda al hígado y despeja la mente. Rebosante de diversidad de aceites esenciales como el limoneno y el bergamoteno –que también se encuentra en el aceite de bergamota–, el limón es un estimulante ácido para la digestión, y despierta inmediatamente las papilas gustativas y el estómago.

Hierbaluisa Una hoja ligera y delicada con un sabor ligero y delicado. Le ayudará a levantar el ánimo.

Hoja de melisa Vigorizante por excelencia, aligera la digestión pesada y levanta el ánimo al instante.

Hierba de limón Tal vez el ingrediente más picante de la infusión. Despeja el estancamiento digestivo o anímico.

Nuestro corazón es un milagro. No solo porque bombea perpetuamente, sino también porque es donde reside nuestra consciencia y responde directamente a lo que sentimos. Del mismo modo que ahora sabemos que el corazón posee receptores que reaccionan a las hormonas y los neuropéptidos, también sabemos que si sentimientos extremos, como la rabia o la aflicción, se alargan demasiado tiempo entonces pueden afectar al corazón. La rabia es un factor de riesgo elevado de enfermedad cardíaca igual que la comida basura. Esta es una infusión terapéutica para nutrir el corazón, tanto en el aspecto físico como emocional.

Corazón valiente

Majuelas, 4 g
Hoja y flor de majuelo, 2 g
Flor de tilo, 2 g
Corteza de canela, 2 g
Agripalma, 1 g
Azafrán, 5 hebras
Rosas, 1 g
Zumo de granada, un chorrito
    (o 1 cucharada) por taza

Salen 2 tazas de infusión enamorada del corazón.

Ponga todos los ingredientes en una tetera, excepto el zumo de granada. Añada 500 ml de agua filtrada recién hervida. Deje reposar 10-15 minutos, luego cuélelo. Agregue un chorrito de zumo de granada a cada taza.

Majuela, hoja y flor de majuelo Esta baya roja es para el corazón. La hoja se considera un ingrediente específico para la restauración del músculo cardíaco, y la flor posee un largo historial de uso para combatir la debilidad del corazón. El majuelo es mi hierba para corazones rotos o para alguien encallado con un sentimiento.

Flor de tilo Siempre es mejor usarla para infusión. Alivia el estrés del corazón ayudando a relajar y reducir la presión arterial.

Corteza de canela Conocida por aportar energía al pecho, activar la circulación y favorecer al corazón. Sus propiedades vigorizantes pueden ayudar a la sangre y a las emociones a fluir.

Agripalma Su nombre científico es *Leonurus cardiaca*. Como un león, es un tónico para el corazón que aporta coraje y confianza. El corazón agitado vuelve a su ritmo y la presión arterial se recupera.

Azafrán Al adentrarse por los canales del corazón, aumenta la consciencia y alivia el estrés de la rabia y la depresión. Tradicionalmente se emplea para aumentar el flujo sanguíneo, y sus carotenoides hidrosolubles ayudan a proteger las membranas celulares, algo esencial para un corazón sano.

Rosas Ingrediente específico para el corazón. Su astringencia suave fortalece los tejidos y los mantiene firmes, ayudando a prevenir la debilidad y el dolor. Los aceites esenciales de la rosa alivian la rabia y aportan alegría.

Zumo de granada Este zumo asombroso, dulce y ácido, está repleto de antioxidantes que protegen las arterias.

Alegría y felicidad

Bendición de los dioses

El *Theobroma cacao* es lo que conocemos como cacao (o cuando se le añade azúcar y grasas, chocolate). *Theobroma* significa «alimento de los dioses» y es por algo. Pruebe este elixir para disfrutar de una experiencia totalmente nueva y sublime.

Chocolate sin azúcar ,100 g
Agua o leche vegetal, 100 ml
Esencia de vainilla, 1-2 gotas, al gusto
Miel, al gusto

Salen 2 tacitas de néctar de la felicidad.

Derrita el chocolate al baño maría antes de incorporarlo al agua o la leche vegetal. Añada la esencia de vainilla y la miel al gusto, y luego viértalo en tacitas de café. No se pueden describir con palabras los siguientes segundos de su vida.

Juegue con esta receta. Añada una gota de aceite esencial de naranja o agua de rosas para transformarla en una experiencia completamente distinta.

Chocolate sin azúcar El cacao es muy rico en flavonoides, que poseen grandes propiedades antioxidantes. Estos flavonoides presentan un sabor astringente, motivo por el cual se añade azúcar y grasa para dulcificar el chocolate. Puede que sean astringentes, pero se ha demostrado que los flavonoides del cacao (similares a los que se hallan en el vino tinto y el té) reducen significativamente el riesgo de enfermedad cardiovascular. Y como la cafeína del té, la teobromina del cacao es ligeramente estimulante.

Pero lo mejor del cacao es el neurotransmisor anandamida, conocido como la sustancia química de la dicha (*anand* es una palabra india que significa «felicidad»). El cacao besa nuestros receptores de anandamida y propicia sensaciones de dicha. Como el cannabis. Y el orgasmo. Y para demostrar que la naturaleza quiere vernos felices, el cacao también contiene inhibidores enzimáticos que ralentizan la descomposición de la anandamida. Esto significa que la anandamida que producimos de forma natural puede permanecer más tiempo en el cerebro cuando consumimos cacao, lo cual prolonga las sensaciones de dicha y euforia.

El cacao también es una fuente útil de magnesio mineral antiespasmódico. El contenido elevado de magnesio, que alivia el dolor y equilibra el ánimo, podría explicar por qué a las mujeres se les antoja chocolate durante la menstruación.

Esencia de vainilla La vainilla es un ingrediente esencial de este elixir. Las moléculas de sabor de la vainilla abren los receptores vaniloides de la lengua que nos ayudan a experimentar el gusto y sabor, de modo que al añadir vainilla al chocolate podemos degustar más intensamente y durante más tiempo el chocolate. Otros compuestos en el clavo de olor, la canela y el jengibre también actúan así. La vainilla es una expresión exótica de la dicha dulce y, al combinarla con miel, se crea una verdadera armonía.

Dulzura servida en taza. Los monjes budistas la toman para alcanzar la paz y claridad. Yo la tomo a diario.

Dulce regaliz

Raíz de regaliz, 5 g

Salen 2-3 tazas de néctar natural.

Ponga la raíz de regaliz en una tetera. Añada 500 ml de agua filtrada recién hervida. Deje reposar 5-10 minutos, luego cuélelo.

Raíz de regaliz Es una de mis plantas favoritas. La receto a la mayoría de mis pacientes y la incluyo en muchos de los tés Pukka. Tradicionalmente se utiliza para aunar una fórmula armonizando extremos. Equilibra los grandes sabores y efectos de los demás ingredientes de las infusiones a base de hierbas. Funciona un poco como una pizca de sal en la comida, destacando y maridando los sabores. Por esta cualidad, se considera que el regaliz potencia el poder de la sinergia entre las diferentes hierbas de una mezcla y propicia un efecto más positivo (véase la página 19). Siempre pienso en el regaliz en casos de debilidad, sequedad o calor en el cuerpo, específicamente en los pulmones, el sistema digestivo y el nervioso –puede mejorar una tos seca, el ardor de estómago o la fatiga y el desgaste profesional–. Y puede aumentar la vitalidad general.

Desde un punto de vista ayurvédico, el regaliz es dulce, suave, *demulcente*, protector y rejuvenecedor. Ayuda a calmar el sistema nervioso *vata* y disipar el exceso de calor *pitta*, pero puede aumentar los fluidos *kapha*. En la actualidad, se utiliza como *adaptógeno*, antiinflamatorio, antidispéptico, antiulcerativo, expectorante, antihepatotóxico, antivírico y antibacteriano. Su efecto específico en el sistema renal apunta a su efecto beneficioso en el cortisol.

Es posible que haya oído que su uso no es seguro para todo el mundo en todo momento: vale la pena explicarlo y evitar confusiones.

Continúa en la página siguiente

Alegría y felicidad

Dulce de regaliz

La seguridad de utilizar cualquier hierba depende de la persona, la cantidad, la forma y el momento en que la toma. En el contexto de esta receta, y cuando se emplea con sensatez, el regaliz es completamente seguro. Los informes de problemas con el regaliz en gran medida se asocian con personas que ingieren grandes cantidades de caramelos de regaliz (más de 500 g al día durante un tiempo): estos dulces también contienen elevados niveles de azúcar y sal.

A parte de esto, lo principal para comprender la seguridad del regaliz radica en saber que contiene ácido glicirrícico, una saponina triterpenoide. Se trata de una molécula vegetal natural que proporciona al regaliz su sabor dulce, además de muchos de sus beneficios terapéuticos. Existe una pequeña posibilidad de que este ácido utilizado en grandes dosis durante tiempo prolongado pueda afectar el equilibrio de electrolitos en el organismo, de modo que se recomienda precaución en su consumo. Un nivel elevado del mismo puede provocar retención de sodio, lo cual puede aumentar la presión arterial. Cuando se utiliza como hierba entera (como hacemos en Pukka) en lugar de extracto, el regaliz posee constituyentes que contrarrestan este efecto. No obstante, lo mejor es evitar el regaliz si se padece hipertensión. Y no consumir demasiado si se está embarazada. Como norma, 3 g al día es una dosis aceptable para cualquier persona, y 1,5 g al día si se está encinta.

Por tanto, el regaliz es dulce, armonizante, rejuvenecedor, eficaz y sostenible (si se cosecha adecuadamente). También es seguro para todo el que lo utilice con sensatez.

Alegría y felicidad

Luz de albahaca

Esta es una infusión maravillosamente sencilla que ilumina un poco la vida.

Hoja de albahaca sagrada, 5 g

Salen 2 tazas de felicidad instantánea.

Ponga las hojas de albahaca sagrada en una tetera. Añada 500 ml de agua filtrada recién hervida. Deje reposar 5-10 minutos, luego cuélelo y deje que se haga la luz.

Hoja de albahaca sagrada Este miembro frondoso de la familia de la menta posee una calidez aromática. Cuando se toma en infusión caliente aumenta la circulación, favorece la digestión e incrementa el fuego digestivo. Puede ser muy útil beberla cuando se nota el inicio de un resfriado: es capaz de disiparlo. Sus aceites esenciales y ácido ursólico se relacionan con su capacidad de modular la inflamación, reducir las infecciones y regular el ciclo celular sano. Su acción de dispersión lo indica para proteger de las enfermedades estacionales, ya que reduce el *kapha* estancado y el *vata* frío.

Los hindús cultivan la albahaca sagrada en el exterior de sus hogares para «limpiar» el espacio exterior antes de que alguien entre en su casa. Y en el ayurveda, este té eleva la fuerza vital al exterior y limpia el «espacio interior». Es una de las hierbas favoritas de los entusiastas del yoga por su capacidad de levantar el ánimo. La albahaca sagrada realmente aporta luz.

Defensa y protección

«Es la inmunidad (*ojas*) lo que mantiene a todos los seres vivos renovados. No puede existir la vida sin inmunidad fuerte.»
Doctor ayurveda Charaka, del texto *Charaka Samhita*, escrito hace unos 2.000 años

He aquí algunas de mis infusiones preferidas para cortar de raíz un resfriado y reforzar el sistema inmune. Nuestra inmunidad lleva a cabo mucho trabajo: esencialmente es nuestra reacción protectora natural a las infecciones e inflamaciones.

Afortunadamente, la naturaleza está dispuesta a ayudarnos, ya que las plantas están llenas de compuestos antimicrobianos y potenciadores del sistema inmune. Y el milagro es que, a diferencia de los antibióticos, no se han vuelto menos efectivos con el tiempo. Nuestro uso de miles de plantas a lo largo de milenios indica que las bacterias, los hongos y los virus presentan menos capacidad de desarrollar resistencia a una farmacia botánica de amplio espectro que a la farmacéutica, de menor amplitud, que utilizamos en nuestro sistema sanitario moderno.

Las hierbas utilizadas para estas infusiones son algunas de las especies en que se ha confiado durante generaciones por sus efectos de protección y curación. Ayudarán a todos los miembros de la familia a mantener trancazos, dolores de garganta, toses y dolores a raya.

A un nivel más profundo, el sistema inmune mantiene la relación entre mente-cuerpo-espíritu y el mundo en que vivimos. Nuestra inmunidad es maravillosamente multidimensional y requiere nutrición de diversas fuentes, incluida la digestiva, la emocional, la psicológica y la hormonal. Una manera de comprender cómo funciona la inmunidad consiste en pensar en lo bien que digerimos la vida. El ayurveda habla de cómo podemos asimilar los retos que la vida nos propone, ya sea un festín de cumpleaños, una mala noticia o un virus que pulula por ahí. Las hierbas de este capítulo están aquí para ayudarnos.

Para la conversión de gramos a cucharaditas, véase la página 24

Canta una canción

Esta es una infusión dulce y sedosa para calmar el dolor de garganta, librarse de la ronquera y lanzarse a cantar. Utilícela cuando haya estado cantando, hablando o disfrutando de la vida con algún exceso.

Raíz de malvavisco, 3 g
Hoja de malvavisco, 3 g
Raíz de regaliz, 2 g
Raíz de jengibre en polvo, 2 g
Corteza de canela, 2 g
Clavos de olor, 2 g
Corteza de olmo rojo en polvo, 1 g por taza (esta es una especie amenazada; cómprela solo de una fuente ecológica y sostenible)
Miel de manuka, unas gotas por taza

Salen 2-3 tazas de infusión musical.

Ponga la raíz y las hojas de malvavisco en una taza con 200 ml de agua fría y deje reposar toda la noche (el mucílago de la raíz se extrae mejor con agua fría). A la mañana siguiente, ponga el resto de ingredientes, excepto la corteza de olmo rojo y la miel, en una tetera. Añada 400 ml de agua filtrada recién hervida. Deje reposar 10-15 minutos, luego cuele ambos líquidos y mézclelos para elaborar la infusión final. Agregue la corteza de olmo rojo y un poco de miel a cada taza antes de incorporar y remover el té.

Raíz y hoja de malvavisco Suave, dulce y un verdadero abrazo servido en taza, el malvavisco rezuma mucílago calmante que ayuda a aclarar la voz ronca. Las flemas se desprenden con el poder ablandador del malvavisco.

Raíz de regaliz Es uno de los favoritos de los cantantes porque nutre las cuerdas vocales y fortalece los pulmones. Literalmente endulza la voz.

Raíz de jengibre Al facilitar el flujo de la respiración, sus cualidades calientes ayudan a dar fuerza y entusiasmo a la voz.

Corteza de canela Fuerte e intensa, es excelente para favorecer la circulación en el pecho. Un sorbo de canela es como una respiración profunda.

Clavos de olor Con una afinidad directa con la garganta, los poderosos aceites esenciales del clavo ayudan a la voz a alcanzar nuevas alturas.

Corteza de olmo rojo Cuida la garganta y ayuda a lubricar la sequedad y convertir la aspereza en ronroneo.

Miel de manuka Es una buena aliada de los pulmones. La miel dirige el resto de hierbas a la fuente de la voz, ayudando a fortalecer con suavidad. Del árbol de manuka se obtiene una miel algo más antibacteriana que ayuda a resistir a los resfriados que se alargan.

Respira

Una infusión fresca que levanta el ánimo y despierta los pulmones favoreciendo la respiración. Tómela si tiene tos, siente el pecho cargado o simplemente desea respirar más profundamente.

Hoja de hierba de limón, 4 g
Hoja de tomillo, 3 g
Hoja de albahaca sagrada, 3 g
Raíz de jengibre en polvo, 2 g
Semilla de anís, 2 g
Aceite de menta piperita, 1 gota
Miel, al gusto

Salen 2-3 tazas de infusión para nutrir los pulmones.

Ponga todos los ingredientes, excepto la miel, en una tetera. Añada 500 ml de agua filtrada recién hervida. Deje reposar 10-15 minutos, luego cuélelo. Agregue unas gotas de miel al gusto.

Puede utilizar la infusión como vapores para inhalar. Ponga las hierbas en un cuenco grande, añada agua hirviendo, colóquese una toalla sobre la cabeza y alrededor del cuenco para que no se pierda vapor. Inhale durante 5 minutos y su respiración cambiará radicalmente.

Hoja de hierba de limón Agradablemente aromática, regala los sentidos y los anima a despertar. Su toque cítrico abre los pulmones y favorece la respiración.

Hoja de tomillo Es magia para los pulmones: aporta fortaleza y ayuda a abrir las zonas obstruidas donde se acumula mucosidad.

Hoja de albahaca sagrada Para el ayurveda, está llena de *prana*, que alienta la vida. Posee la capacidad natural de mover la energía hacia arriba y hacia fuera, ayudando así a dilatar los bronquiolos y dejar entrar y salir el aire. Si no dispone de albahaca sagrada, utilice albahaca normal.

Raíz de jengibre El estimulante jengibre proporciona una calidez que abre el pecho. Los aceites esenciales picantes también son buenos para despejar flemas.

Semilla de anís Tónico pulmonar específico, ayuda a eliminar la mucosidad adherida. La causa de esta congestión suele ser un fuego digestivo débil, de modo que al reanimar el fuego digestivo, las cálidas semillas de anís ayudan a modificar la tendencia a taponarse, ya que tratan la raíz del problema.

Aceite de menta piperita La hoja de menta posee alrededor de un 1 por ciento de aceite esencial, de modo que cuando este se destila es extremadamente concentrado y de sabor mucho más intenso que las hojas frescas. Abre y aclara la mente y las vías nasales.

Miel Ayuda a transportar las otras hierbas donde deben actuar dentro de los pulmones.

Defensa y protección

Esta tentadora mezcla frutal de bayas es revitalizadora y cálida: el aliado perfecto cuando llegan las tormentas de invierno. Actúa sobre la causa de las infecciones estacionales al fortalecer la inmunidad tanto a corto como a largo plazo.

Calor invernal de bayas de saúco y equinácea

Raíz de equinácea, 2 g
Bayas de saúco, 2 g
Flor de saúco, 2 g
Escaramujo, 2 g
Piel de naranja, 2 g
Hoja de menta piperita, 2 g
Semilla de anís, 1 g
Raíz de jengibre en polvo, 1 g
Raíz de regaliz, 1 g
Aceite esencial de naranja, una gota
    por taza

Salen 2 tazas de buena salud.

Ponga todos los ingredientes, excepto el aceite esencial de naranja, en una tetera. Añada 500 ml de agua filtrada recién hervida. Deje reposar 10-15 minutos, luego cuélelo. Agregue una gota de aceite esencial de naranja a cada taza.

Raíz de equinácea Aromática, con efecto de cosquilleo en la lengua, la agridulce raíz de equinácea activa el sistema inmune del organismo. Conocida como depurador de la sangre, se emplea tradicionalmente para curar la infección sanguínea provocada por la mordedura de serpientes. Posee propiedades estimulantes y caloríferas que favorecen la vitalidad general.

Bayas de saúco Dulces, regordetas, de tono morado casi negro, son una manera deliciosa de ayudar al sistema inmune. Sus protectores celulares son famosos por sus propiedades antivíricas de fortalecimiento pulmonar. Los pigmentos de las bayas son ricos en antioxidantes.

Flor de saúco Ayuda a limpiar las toxinas al favorecer la respuesta natural del organismo, que consiste en inducir una ligera sudoración y mucosidad clara. Sus racimos de flores de inusual fragancia pueden emplearse para curar (resfriados y fiebres) o por placer (para elaborar vino, champán o cócteles).

Escaramujo Maduro, rojo y refrescante, refuerza el sistema inmune. Conocido por su contenido en vitamina C, también aporta bioflavonoides y otros nutrientes protectores.

Piel de naranja Rica en pigmentos de color y maravillosos aceites esenciales, posee una larga reputación por su capacidad de contrarrestar los agobiantes efectos de la humedad invernal, desde una nariz taponada hasta un pecho cargado de mucosidad.

Continúa en la página siguiente

Calor invernal de bayas de saúco y equinácea

Hoja de menta piperita Sus vapores de mentol, capaces de levantar el ánimo, aclaran la mente y disipan la congestión –además, contribuyen al efecto de inducción a la sudoración de la flor de saúco–. Para el ayurveda, abre los canales a fin de que la vitalidad curadora llegue donde sea necesaria.

Semilla de anís En combinación con la piel de naranja, los herbolarios las tienen en gran estima por su acción *expectorante*, que elimina el exceso de mucosidad pectoral.

Raíz de jengibre Calienta el metabolismo y mejora la circulación general. Aumenta la vitalidad sensiblemente.

Raíz de regaliz Su capacidad hidratante proporciona un bálsamo calmante para los tejidos secos e irritados, y ayuda a eliminar la mucosidad de los pulmones.

Aceite esencial de naranja La aromática y dulce naranja calienta y reanima, y ayuda a levantar el ánimo decaído por el frío.

Elixir de bayas de saúco

También conocido como jarabe de saúco, este elixir debería encontrarse en todas las casas. Es fácil de preparar, agradable de tomar y un remedio a base de hierbas ideal para sentirse sano todo el invierno.

Bayas de saúco frescas, 1 kg
Clavos de olor, 10
Corteza de canela, 3 ramitas
Raíz de jengibre fresca, 10 g, un trozo
   de unos 5 cm
Azúcar, 250 g

Coseche las bayas un día de otoño. Lave y retire los tallos de las bayas con un tenedor a modo de minirastrillo. Es una tarea agradable porque las bayas saltan enseguida. Ponga las bayas de saúco en un cazo con una taza de agua y deje hervir hasta que suelten la mayor parte de su jugo. Disponga un colador sobre un bol, vierta encima las bayas con el jugo y chafe las bayas con un tenedor para que suelten todo el líquido posible. Vierta el jugo de nuevo en el cazo. Añada el resto de ingredientes. Deje hervir 30 minutos a fuego lento. Cuele de nuevo sobre un bol. Luego decante en botellas esterilizadas y cierre bien. Conserve el jarabe en el frigorífico hasta 6 meses. Para tomarlo, añada 2 cucharadas de elixir por taza de agua caliente.

Bayas de saúco Tienen una larga reputación como uno de los mejores tónicos pulmonares, lo cual es especialmente valioso con el frío y humedad del norte de Europa y las Américas. Estas bayas de color morado oscuro son una fuente rica en vitamina C, antocianinas y flavonoides, todos ellos potentes antioxidantes que protegen el cuerpo de los radicales libres que dañan el sistema inmune. Las bayas de saúco poseen una fuerte afinidad con el sistema respiratorio y favorecen el proceso de expectoración, cosa que reduce la congestión mucosa aguda y crónica. Su dulce jugo es increíblemente calmante y recubre las membranas mucosas, aliviando los dolores de garganta y la tos irritativa. Las bayas también han demostrado su capacidad de detener la proliferación de un virus (al neutralizar la enzima neuraminidasa, pretensión de muchos fármacos contra la gripe) y evitar la reproducción vírica en las membranas mucosas respiratorias. Sorprendentemente, neutralizan diez cepas de virus de la gripe. Utilice las bayas de saúco a la primera señal de contagio.

Las especias El clavo, la canela y el jengibre aportan efectos caloríferos y estimulantes que ayudan a revigorizar la energía. Colaboran en la defensa contra el frío desde dentro y proporcionan una maravillosa luminosidad invernal.

No añada azúcar si no lo desea. En su lugar, vierta el jugo sin azúcar en bandejas para cubitos de hielo y consérvelo en el congelador.

Cuando desee una taza de elixir, eche un cubito de jugo en la taza, y añada agua caliente y un poco de miel para endulzarlo.

Este es uno de los grandes clásicos en el mundo de las infusiones y, gracias a mi madre, uno de los primeros que probé. He adaptado un poco la receta para que sea más efectiva contra los catarros. Tómela cuando se sienta resfriado o castigado por el tiempo.

Limón y jengibre con miel de manuka

Raíz fresca de jengibre, 10 g, unos 5 cm
Flor de saúco, 4 g
Raíz de cúrcuma en polvo, 1 g
Zumo de limón, unas gotas por taza
Miel de manuka, 1 cucharadita por taza

Salen 2 tazas de esta infusión clásica.

Ralle el jengibre y póngalo en una tetera con el resto de ingredientes excepto el limón y la miel. Añada 500 ml de agua filtrada recién hervida. Deje reposar 5-10 minutos, luego cuélelo. Agregue el limón y la miel a cada taza.

Raíz de jengibre Maravilloso y bueno para la digestión, favorece la circulación y aumenta la vitalidad del organismo. Su calor estimulante aporta una sutil intensidad de sabor.

Flor de saúco Ligera y purificante, esta flor estival ayuda a depurar el organismo aumentando la circulación periférica, lo cual provoca una ligera sudoración que limita la propagación de virus estacionales.

Raíz de cúrcuma Pariente cercano del jengibre, esta superespecia dorada se utiliza en la India como suave antibiótico vegetal útil ante la infección. También hace que este té parezca oro líquido.

Zumo de limón Agradable, nos hace la boca agua, añade un sabor intenso a la infusión y deshace la mucosidad atascada. Los limones son ricos en vitamina C y bioflavonoides, aliados del sistema inmune que saben y sientan bien.

Miel de manuka Dulce, calmante y nutritiva, combina los beneficios terapéuticos de la miel con las cualidades antimicrobianas del árbol de manuka. Es un tesoro encerrado en un tarro.

Al primer síntoma de resfriado, recurra a esta fórmula clásica. Las bacterias y los virus son más activos con temperaturas corporales bajas, de modo que desarrollamos fiebres como respuesta al esfuerzo del sistema inmune para reducir la sobrecarga microbiana. Esta mezcla ayuda al sistema inmune en su lucha.

Inmunidad increíble

Milenrama, 3 g
Hoja de menta piperita, 3 g
Flor de saúco, 3 g
Hoja de albahaca sagrada, 3 g
Raíz fresca de jengibre, 3 g, alrededor
    de 1 ½ cm

Salen 2-3 tazas de infusión antigripal.

Ponga todos los ingredientes en una tetera. Añada 500 ml de agua filtrada recién hervida. Deje reposar 5-10 minutos, luego cuélelo. Tome la infusión bien caliente.

Milenrama Planta increíble que activa la circulación hasta la punta de los dedos de los pies. Se usa para liberar la tensión muscular asociada a la infección. Su nombre botánico es *Achillea millefolium*, ya que también es ideal para curar nuestro tendón de Aquiles, que en este caso es el sistema inmune. Tiene un intenso gusto a hierba.

Hoja de menta piperita Cuando se toman en infusión caliente, los aceites esenciales de la menta ayudan a reactivar la circulación periférica, lo cual favorece una leve sudoración. Es un suave *diaforético* estimulante.

Flor de saúco Una de las mejores hierbas *diaforéticas* relajantes. Ayuda a abrir los poros de la piel al reducir la resistencia de los capilares, de modo que la sangre puede fluir hacia la superficie y refrescar el cuerpo.

Hoja de albahaca sagrada La panacea preferida para la fiebre en la India. Es calorífica, relajante, ascendente, ayuda a levantar el ánimo, aumenta la temperatura corporal y favorece una ligera sudoración para deshacerse de la gripe.

Raíz de jengibre *Diaforético* calorífico y estimulante, esencial en todas las mezclas que pretendan producir sudoración. El jengibre seco también funciona, pero el fresco es más específico para llegar a la periferia.

Estas hierbas cuidan la vista intensamente. Todas alimentan el brillo de los ojos y ayudan a proteger y potenciar la buena visión. Además de aliviar los ojos cansados y secos, esta infusión hará que reluzcan.

Ojos de lince

Bayas de goji, 3 g
Flor de crisantemo, 2 g
Mirtilo, 2 g
Mirobálano en polvo, 2 g
Pétalos de caléndula, 2 g
Semilla de hinojo, 2 g
Raíz de cúrcuma en polvo, 1 g
Concentrado de arándanos,
    1 cucharadita por taza (o
    concentrado de grosella negra o
    Elixir de bayas de saúco, p. 144)

Salen 2-3 tazas de elixir nutritivo ocular.

Ponga todos los ingredientes, menos el concentrado de arándanos, en una tetera. Añada 500 ml de agua filtrada recién hervida. Deje reposar 5-10 minutos, luego cuélelo. Agregue 1 cucharadita de concentrado de arándanos a cada taza.

Si no dispone de concentrado de arándanos, utilice concentrado de grosella negra. De hecho, cualquier ingrediente de color morado intenso funciona.

Bayas de goji Conocida como *gou qi zi* en China, esta pequeña baya roja está repleta de betacaroteno que se convierte en vitamina A, indicada para los ojos. Se usa desde hace tiempo para la mala visión y la sequedad ocular.

Flor de crisantemo Esta florecilla incluso se parece a un ojo. Ayuda a aportar brillo y claridad a la visión. Indicada para ojos irritados.

Mirtilo Rico en antocianinas protectoras de los ojos, es venerado por favorecer la visión penetrante y la buena visión nocturna. Valorado por su capacidad de proteger los capilares, fomenta la circulación en el ojo.

Mirobálano en polvo Una de las hierbas ópticas más respetadas en el ayurveda. Limpia, protege y rejuvenece, justo lo que precisan los ojos.

Pétalos de caléndula Ricos en luteína y zeaxantina, dos carotenoides importantes para la salud ocular, ayudan a alimentar la mácula para conservar una visión perfecta.

Semilla de hinojo Esta dulce y diminuta belleza se utiliza para ver con claridad: la potencia de sus aceites esenciales ayuda a proteger la vista del deterioro.

Raíz de cúrcuma Un potente vigorizante de la circulación, ayuda a llevar sangre a los ojos, aportando importantes nutrientes a la visión. La cúrcuma funciona en sinergia con las otras plantas de esta mezcla para potenciar su poderosa actividad antioxidante. Una falta de antioxidantes en la dieta se relaciona con las cataratas y la degeneración macular, dos problemas de la visión que deben prevenirse.

El cabello espeso, largo, lustroso y suelto es el paradigma de la salud y la juventud. Utilice estas hierbas para ayudar a su cabello a mantenerse fuerte, conservar su color natural y seguir volando al viento.

Mechones ilustres lustrosos

Cola de caballo, 6 g
Hoja de ortiga, 10 g
Hoja de hierba de tago, 4 g
Romero, 2 g
Melaza, 1 cucharadita por taza

Salen 2-3 tazas de infusión para un cabello precioso.

Ponga la cola de caballo en un cazo con 200 ml de agua filtrada fría. Lleve a ebullición y deje hervir suavemente 30 minutos para extraer el máximo de minerales posible. Añada el resto de ingredientes, excepto la melaza, y 400 ml de agua filtrada recién hervida. Deje reposar 30 minutos, cuélelo y agregue 1 cucharadita de melaza a cada taza.

Cola de caballo Esta planta incluso tiene aspecto de cabello. Es rica en minerales y sílice, que se extraen mejor al hervirla en agua.
Hoja de ortiga Es un buen alimento para el cabello, pero hay que consumir una buena cantidad para obtener la máxima nutrición mineral. Se utiliza desde antaño para retrasar la aparición de canas y aportar lustre y brillo.
Hoja de hierba de tago Esta popular hierba ayurvédica también recibe el nombre de *bhringraj*, que significa «rey del cabello». Se utiliza para conservar el color natural del cabello y detener la aparición de canas. Puede ser algo difícil obtenerla, por lo que si no la encuentra, añada más ortiga en su lugar.
Romero Se considera que posee afinidad con la cabeza. Lleva los beneficios nutritivos de la mezcla a la raíz del cabello.
Melaza Este rico subproducto de la caña de azúcar es bajo en sacarosa (ya que casi toda se ha extraído para la producción del azúcar) y rico en vitamina B_6 y minerales como el hierro, el calcio y el magnesio. Alimenta la sangre y fortalece el cabello.

Utilice la infusión para aclarar el cabello si desea tratar la caspa, el picor del cuero cabelludo, la aparición de canas y el debilitamiento capilar. Prepare 1 taza para beber y 1 para aclarar el cabello. Tras la ducha, viértala sobre el pelo y deje actuar un par de horas antes de aclararla.

Resulta casi inevitable sufrir algún tipo de dolor articular con la edad. La actividad y el uso de las articulaciones acaban pasando factura. Estas hierbas le ayudarán a mantener a raya la inflamación de la artritis y la gota.

Protector de articulaciones

Raíz de cúrcuma en polvo, 3 g
Resina de *boswellia*, 2 g
Raíz de jengibre en polvo, 2 g
Semilla de apio, 2 g
Raíz de hierba mora mayor, 1 g
Raíz de regaliz, 1 g
Hoja de filipéndula, 1 g
Miel, al gusto

Salen 2-3 tazas de té contra el dolor.

Ponga todos los ingredientes, excepto las hojas de filipéndula y la miel, en un cazo con 600 ml de agua filtrada fría. Cubra con tapa y deje hervir 15 minutos. Retire del fuego y agregue las hojas de filipéndula. Deje reposar 10 minutos, cuélelo y añada miel al gusto. No diré que vaya a disfrutar de la infusión, ya que tiene un sabor fuerte, pero apreciará sus efectos.

También funciona para un baño de pies o para aplicar en compresas. Prepare la infusión y luego remoje una toalla en el líquido caliente, escurra el exceso de agua y coloque sobre la zona afectada 30 minutos. Proporciona alivio rápido. Tenga en cuenta que, como el té lleva cúrcuma, la toalla y todo lo que toque se manchará.

Raíz de cúrcuma Ataca la causa del dolor desde la raíz al inhibir la trasmisión inflamatoria que hincha las articulaciones y provoca dolor. Es una alternativa saludable al paracetamol y la aspirina. Se utiliza en el ayurveda y la medicina china para vigorizar la sangre y mitigar el estancamiento. Funciona a diversos niveles al mismo tiempo (el hormonal y el sistema inmune, por ejemplo) para aportar resultados destacables.

Resina de *boswellia* Emparentada con el incienso, «rompe» los bloqueos (articulaciones rígidas) y alivia la rigidez que suele provocar el dolor. Barre la inflamación (toxinas) que puede aparecer en las afecciones artríticas. También se ha demostrado beneficiosa en casos de osteoartritis. Tiene un gusto raro, por lo que puede reducir la dosis si no le gusta.

Raíz de jengibre Es un regalo divino para todos, reconocido por su capacidad de aligerar la sangre y favorecer la circulación y aliviar el dolor. Sus propiedades caloríferas, estimulantes y depurativas lo convierten en un antiinflamatorio valioso.

Semilla de apio Un diurético clásico que elimina del organismo el ácido úrico que provoca inflamación para que no se acumule en las uniones de las articulaciones, donde es difícil llegar.

Raíz de hierba mora mayor Llena de fuerza y vigor, se dice que le hace a uno fuerte como un semental. Fortalece los huesos y las articulaciones, además de ser un eficaz antiinflamatorio que refuerza el sistema inmune.

Raíz de regaliz Dulce y nutritiva, ayuda a equilibrar las notas extremas de las demás plantas, haciéndolas más apetecibles y eficaces.

Hoja de filipéndula Esta belleza que crece como seto también es conocida como la «reina de los prados». Contiene salicilatos que se transforman en el organismo para ayudar a equilibrar el dolor. Sus taninos astringentes también protegen al estómago de úlceras, sin los efectos dañinos de la aspirina.

Defensa y protección

Un clásico de jardinero, apropiado para un rey. Esta es una infusión fácil de preparar con hierbas frescas, ya sean compradas o recogidas del jardín. La vida no sería igual sin el romero y el tomillo. Es una bebida indicada cuando se sienten el pecho o la cabeza cargados.

Romero y tomillo

Romero fresco, 1 ramita
Tomillo fresco, 1 ramita

Ponga las hierbas en una taza. Añada 250 ml de agua filtrada recién hervida. Deje reposar unos minutos y disfrute la infusión con las hierbas en la taza.

Romero Los estudios científicos indican que el aceite esencial del romero alivia la ansiedad, además de mejorar la cognición. Al tomarlo, se nota que se dirige a la cabeza y la despeja. Además, ayuda al sistema digestivo y favorece la función desintoxicante del hígado: de algún modo, pues, aligera nuestra vida. El romero es una hierba espiritual en el sentido de que ayuda a agudizar la consciencia. Alivia la sensación de pesadez relacionada con el inicio de un resfriado o el decaimiento y el cansancio.

Tomillo Es una hierba aromática y caliente con una afinidad específica con el pecho. Ayuda a respirar profundamente y ensanchar los pulmones para afrontar los retos. Ejerce una potente acción antibacteriana que mitiga la tos pectoral. Diluye las flemas para poder respirar mejor y pensar con mayor claridad.

Hombres,
mujeres y
niños

«La esencia de todos los seres es la Tierra.
La esencia de la Tierra es el Agua.
La esencia del Agua son las plantas.
La esencia de las plantas es el ser humano.»
Chandogya Upanishad, antiguo poema védico

Estas infusiones son para toda la familia: las hay para ayudar a formar una familia, para momentos de transición (como la pubertad y la menopausia), y algunos tés especiales para niños. En mi consulta, la mayoría de clientes son mujeres. Es posible que esto se deba a que la medicina moderna es muy invasiva –las hormonas y los analgésicos pueden provocar efectos adversos a largo plazo–, además del hecho de que las hierbas son muy eficaces para la fertilidad, regular la menstruación y ayudar a realizar la transición durante la menopausia. Por supuesto, los hombres cada vez son más conscientes de la conexión entre la salud y la naturaleza, y también recurren a las plantas medicinales. Pero como, a diferencia de las mujeres, no tienen períodos y su salud reproductiva no se encuentra sobremedicada (con frecuencia a una edad temprana), presentan un historial médico más simple.

Las mujeres a menudo son el «médico» de la casa. Su proximidad a los ciclos naturales (menstruales, de fertilidad, crecimiento y desarrollo de los hijos) y su sensibilidad como madres las cualifica de forma natural para comprender la salud de la familia. Nuestro conocimiento sobre la manera en que curan las plantas se debe a en gran medida a que las mujeres han ido transmitiendo esta sabiduría. Parte de esta sabiduría tradicional se ha perdido, pero las mujeres (y los hombres) tienen la oportunidad de reaprender esta información.

Infusiones para niños

La sensibilidad inherente a los niños implica que son capaces de responder rápida y positivamente al suave poder curativo de las hierbas. Cuanto más se acostumbran los niños al sabor y la idea de las hierbas, más se enriquece su paladar y apreciación de la naturaleza. Las comidas se vuelven momentos más fáciles (y el hecho de comer verdura), cosa que en esta era de «síndrome de déficit de naturaleza» es positiva. Uno de mis placeres preferidos es ver a los niños elegir hierbas y preparar una infusión. Es un lío, divertido y lleno de sorpresas. Si de pequeños se acostumbran a alguno de los sabores más terrosos, se muestran más seguros para explorar las maravillas de la naturaleza al ir creciendo. De pequeños están abiertos a conectar con el lenguaje de las plantas, de modo que luego pueden aprovechar sus beneficios el resto de su vida.

Las medidas para niños están diseñadas para los de 8-12 años de edad. Divida las medidas por la mitad para niños de 4-8 años; y utilice un cuarto de la medida para niños de 2-4 años. Los menores de 2 años pueden tomar unas cucharaditas. Pida consejo a un herbolario o médico si los síntomas parecen graves o se prolongan, o si algo le preocupa. Para más información sobre las dosis para niños de distintas edades y el peso corporal, véase la página 25.

Para la conversión de gramos a cucharaditas, véase la página 24

Esta infusión llega a lo más profundo del sistema reproductivo y nutre su energía procreadora y sexual. Utilícela cuando se prepare para formar una familia. Para hombres y mujeres, este elixir alimenta la liberación de hormonas sexuales, mejora la calidad de óvulos y esperma y acrecienta la experiencia orgásmica.

El afrodisíaco de Afrodita

Hierba *shatavari*, 4 g
Hierba mora mayor, 2 g
Raíz de regaliz, 2 g
Corteza de canela, 2 g
Leche (cualquier tipo), 250 ml
Hoja de damiana, 2 g
Cacao en polvo, 1 cucharadita por taza
Raíz de maca, 1 cucharadita por taza
Polen de flores, ½ cucharadita por taza
Esencia de vainilla, unas gotas por taza
Miel (o amaretto), una gota por taza

Salen 2 tazas del elixir más amoroso.

Ponga la hierba shatavari, la hierba mora mayor, el regaliz y la canela en un cazo con la leche y 200 ml de agua filtrada fría. Cubra, lleve a ebullición y deje hervir suavemente 15 minutos. Retire del fuego y añada la hoja de damiana. Deje reposar 10 minutos, luego cuélelo. En cada taza, agregue el cacao, la maca, el polen, la esencia de vainilla y la miel. Llénelas de la infusión y remueva.

Estas hierbas son tónicos rejuvenecedores: son dulces al gusto, dan fuerza y alimentan el apetito sexual. Mejoran la fertilidad, fomentan la libido y aportan potencia a los órganos sexuales.

Hierba *shatavari* En la India, *shatavari* significa coloquialmente «mujer que tiene 100 esposos», en referencia a la capacidad de la planta para ayudar a una mujer a llevar una vida sexual y reproductiva activa. Tradicionalmente se emplea para aumentar el tamaño del pecho, mejorar la lubricación y optimizar la libido. Tómela cuando exista una carencia de deseo, retraso del orgasmo o sequedad. O porque sí. Como las hierbas no son sexistas, también es un tónico eficaz para hombres, en los que realiza funciones similares, aumentando el recuento y la calidad espermática.

Hierba mora mayor Se afirma que proporciona la «esencia de un semental». Se le atribuyen poderes legendarios, aumento de la resistencia, potencia eréctil y mayor libido. Aporta gracia, belleza y sensibilidad emocional a hombres y mujeres. No obstante, no es Viagra en forma de hierba. La nutrición sexual no es algo que se obtenga con una mera píldora. Es algo que debe trabajarse desde diversos aspectos: la hierba mora mayor es solo una parte del plan.

Hoja de damiana Esta hierba se utiliza cuando la pérdida de libido provoca decaimiento anímico. Como valioso restaurativo del sistema nervioso, ayuda a relajarse llegado el momento.

Raíz de maca Mejora la agudeza mental, la resistencia física, la vitalidad y el aguante. También es un conocido afrodisíaco en Perú para hombres y mujeres: se usa para aumentar la libido, además de mejorar la salud de óvulos y esperma.

Polen de flores Es un nutriente que aporta energía, rico en proteínas y aminoácidos esenciales. Recogido por las abejas de las flores fértiles, el polen es la fuente de la vida en sí mismo y representa todo el potencial procreador de la naturaleza.

Canela, regaliz, cacao y vainilla Estos afrodisíacos vigorizan la circulación, fortalecen las glándulas renales y evocan su lado erótico. La miel y el amaretto aportan un toque especial del sabor del amor: la dulzura.

Equilibrio lunar

Todo cambiará, como mínimo esto está garantizado. Esta infusión le servirá para facilitar las fluctuaciones del ciclo reproductivo mensual. Tómela cada día para propiciar una circumambulación lunar apacible.

Flor de manzanilla, 3 g
Raíz de hierba *shatavari*, 2 g
Flor de hibisco, 2 g
Raíz de diente de león, 2 g
Rosas, 1 g
Raíz de regaliz, 1 g
Vaina de vainilla 2 cm, abierta

Salen 2-3 tazas de equilibrio perfecto.

Ponga todos los ingredientes en una tetera. Añada 500 ml de agua filtrada recién hervida. Deje reposar 5-10 minutos, luego cuélelo.

Existen multitud de hierbas adicionales o alternativas para agregar a esta infusión. No las he incluido porque su sabor no es una maravilla, pero podría probarlas. La agripalma es una *nervina* potente, además de aportar tono y fuerza al útero. Pero como aumenta la circulación de la pelvis, no es aconsejable tomarla si sangra usted mucho. Otra hierba útil para equilibrar el ciclo menstrual es la baya de sauzgatillo. Es útil cuando se nota molestia hepática antes del período debido a la falta de progesterona. Es ideal tomarla en tintura con la orientación del herbolario.

Flor de manzanilla Esta flor amarilla es un poderoso protector de la salud. Puede equilibrar los niveles de estrógeno, además de reducir la inflamación que puede conducir a los espasmos y el dolor menstruales. Su suave efecto en la digestión le ayudará a metabolizar las hormonas y optimizar la nutrición al mejorar el funcionamiento del sistema digestivo.

Raíz de hierba *shatavari* Esta dulce raíz es un fantástico tónico para la mujer que puede ayudar a mejorar el nivel de estrógeno y aportar energía en caso de fatiga. Es especialmente indicada para mujeres con ciclos menstruales cortos o irregulares.

Flor de hibisco El bello hibisco rosáceo es algo ácido y refrescante y conocido por alimentar la sangre. Como la salud de la sangre está tan conectada con un ciclo menstrual sano, el hibisco puede desempeñar un papel sabroso y útil.

Raíz de diente de león Un tónico hepático agridulce muy fiable que ayuda a metabolizar las hormonas. Además, facilita la digestión, de modo que reduce la hinchazón premenstrual.

Rosas Calman al olerlas y son una delicia para la vista. Se trata de una flor sosegadora para los estados de ánimo que pueden fluctuar con el ciclo mensual. Su astringencia también la indica para detener sangrados abundantes.

Raíz de regaliz Dulce y fuerte, el regaliz ablanda todo lo que toca. Posee un ligero efecto fitoestrogénico (es una fuente vegetal de hormonas naturales), y ayuda al organismo a regular el estrógeno al diluir el efecto de un nivel elevado de la hormona (si hay demasiada, detiene la toma de estrógeno producido de forma natural) y compensa los efectos de un defecto de la hormona (si no hay suficiente, hace creer al cuerpo que hay más).

Vaina de vainilla Esta deliciosa vaina pertenece a la familia de la orquídea y es una planta especialmente calmante: al olerla todo se armoniza, desde el estado de ánimo hasta la digestión.

Esta infusión celebra el embarazo y prepara el cuerpo para el parto. Tonifica el útero y fortalece el organismo. Empiece a tomarla tres meses antes de la fecha de salida de cuentas.

Celebración de luna llena

Hoja de frambuesa, 4 g
Hoja de ortiga, 4 g
Raíz de *shatavari*, 2 g
Semilla de hinojo, 1 g
Hoja de menta piperita, 1 g

Salen 2-3 tazas de infusión para preparar perfectamente el parto.

Ponga todos los ingredientes en una tetera. Añada 500 ml de agua filtrada recién hervida. Deje reposar 5-10 minutos, luego cuélelo.

Hoja de frambuesa Empleada desde antaño como refuerzo durante los últimos meses de embarazo, facilita el parto. No es tan sabrosa como las frutas de la planta y posee un sabor herboso ligeramente astringente. Ayuda a tonificar el útero y fortalecer su delicada musculatura.

Hoja de ortiga Si todavía no lo es, la hoja de ortiga se convierte a los seis meses de embarazo en una gran amiga de toda mujer en estado bien informada. Su contenido rico en nutrientes (incluidas las vitaminas B, C, K, betacaroteno, hierro, calcio, magnesio, proteínas y ácidos grasos esenciales) aporta fuerza a madre y bebé.

Raíz de *shatavari* La hierba favorita en el ayurveda para rejuvenecer la salud femenina desempeña un extraordinario papel en esta etapa del embarazo. Sus propiedades fortalecedoras ayudan en la fase final del embarazo y preparan para la maternidad al fortalecer la sangre y proporcionar mayor energía.

Semilla de hinojo Buenas para el sistema digestivo, ayudan a disipar las molestias que pueden aparecer a medida que el bebé ocupa más lugar en la barriga.

Hoja de menta piperita Calma los espasmos y aporta relajación digestiva.

Visite al herbolario o al médico si necesita consejo específico sobre el embarazo.

Leche materna

Alimento para madre e hijo. Las hierbas de esta mezcla ayudan a que fluya mejor la leche materna. Alrededor de un 15 por ciento de nuevas madres experimentan algún tipo de insuficiencia de producción de leche, y esta infusión la ayudará a evitar ser una de ellas.

Raíz de hierba *shatavari*, 4 g
Semilla de hinojo, 2 g
Semilla de cilantro, 2 g
Hoja de hierba de limón, 2 g

Salen 2-3 tazas de infusión para ayudar a la producción de leche.

Ponga todos los ingredientes en una tetera. Añada 500 ml de agua filtrada recién hervida. Deje reposar 5-10 minutos, luego cuélelo.

Raíz de hierba *shatavari* Famosa como tónico para la fertilidad y rejuvenecimiento femeninos, es una hierba fantástica para tomar después del parto a fin de ayudar a reponer fuerzas y favorecer el flujo de la leche materna.
Semilla de hinojo Un valioso *galactogogo* (ayuda a que fluya la leche materna) que regula las hormonas. En el ayurveda se conoce como *madhurika*, que significa «dulce». El hinojo equilibra los tres *doshas* para recuperar la armonía del sistema.
Semilla de cilantro Rebosante de aceites esenciales que favorecen la relajación y el flujo de la leche materna.
Hoja de hierba de limón Esta hoja cítrica está llena de aceites esenciales que ayudan a relajar y abrir los poros, facilitando el flujo de leche y mejorando su sabor.

Puede preparar también la Leche dorada bendita de la página 73 para conservar la fuerza. Para un empujón adicional, añada 2 g de raíz de hierba *shatavari* a la receta.

Hombres, mujeres y niños

Las hierbas de esta mezcla ayudan a hallar el equilibrio durante el cambio de la menopausia al regular la fluctuación hormonal, reducir los sofocos y encontrar el nuevo centro personal. Sí, una infusión puede refrescar, y esta es capaz de facilitar el camino durante este momento de transición.

Frescor femenino

Hoja de salvia, 3 g
Raíz de hierba *shatavari*, 2 g
Trébol rojo, 2 g
Pasionaria, 2 g
Flor de manzanilla, 2 g
Semilla de hinojo, 1 g
Raíz de regaliz, 1 g

Salen 2-3 tazas de infusión refrescante.

Ponga todos los ingredientes en una tetera. Añada 500 ml de agua filtrada recién hervida. Deje reposar 10-15 minutos, luego cuélelo. Tome la infusión razonablemente templada.

Hoja de salvia Refuerza y mantiene las cosas en su lugar. Ayuda a recalibrar sutilmente nuestro nuevo centro hasta que lo hallamos. Contribuye a evitar la sudoración y mantener los pies en el suelo durante los sofocos y los sudores nocturnos. También favorece la memoria y los mayores la toman para conservar su sabiduría.

Raíz de hierba *shatavari* Refrescante, lubricante y fortalecedora, ayuda a equilibrar los síntomas de calor, sequedad y cansancio que pueden aparecer en esta etapa. Protege eficazmente los tejidos más profundos, huesos, nervios y libido.

Trébol rojo Es un alimento completo. Sus bellos racimos rosados alivian los cambios hormonales aportando frescor a las células. Es un protector de la salud de mamas y ovarios y presenta una especial capacidad para eliminar la inflamación del sistema sanguíneo y linfático.

Pasionaria No tiene que ver con el deseo amoroso, el nombre de la flor de la pasión se remonta a los siglos XV y XVI, cuando los misioneros adoptaron esta flor como símbolo de la Pasión de Cristo. Es una planta trepadora y su naturaleza se refleja en su viaje a través del sistema nervioso hasta la coronilla. Al llegar, enseguida calma y aclara la mente, y aquieta los pensamientos. La incluyo en la mezcla porque es especialmente útil para combatir la ansiedad y el insomnio durante la menopausia.

Flor de manzanilla Funciona en armonía con la pasionaria, ayuda a gestionar los cambios de humor y un cerebro hiperactivo. Sus delicadas flores que parecen ojos nos ayudan a «ver» la vida con nueva mirada, más calmada, como si nuestra visión periférica se hubiera ensanchado.

Continúa en la página siguiente

Hombres, mujeres y niños

Frescor femenino

Semilla de hinojo Contiene compuestos de aceites esenciales que ayudan al organismo a producir estrógeno. Calman el sistema, facilitan la digestión, ayudan a regular el ciclo menstrual y nos recuerdan que la vida sabe bien.

Raíz de regaliz En su hábitat natural, se enfrenta al calor y la sequedad, y estas raíces se hunden varios metros. Esto se refleja en su acción en el organismo, donde refresca e hidrata, además de ayudar a sentirse con los pies en el suelo en momentos de cambios.

Hombres, mujeres y niños

Las menstruaciones dolorosas son comunes, pero no debería ser la norma. En algún momento, la mayoría de mujeres las experimentan. Descubiertas por mujeres sabias, comadronas y nuestros ancestros, las hierbas de esta mezcla ofrecen una solución: aclaran la sangre, relajan los espasmos y ayudan a la fuerza vital a fluir más libremente al eliminar la raíz de las molestias.

Liberación mensual

Bola de nieve, 5 g
Semilla de hinojo, 4 g
Raíz de cúrcuma en polvo, 3 g
Raíz de valeriana, 2 g
Raíz de jengibre en polvo, 1 g

Salen 2-3 tazas de infusión de liberadora analgesia.

Ponga todos los ingredientes en una tetera. Añada 500 ml de agua filtrada recién hervida. Deje reposar 15 minutos, luego cuélelo. Para una infusión más fuerte y de mayor efecto, ponga las hierbas en un cazo y tápelo con tapa. Lleve a ebullición y deje hervir a fuego lento 15 minutos, luego cuélelo.

Siéntese con una bolsa de agua caliente en la barriga mientras toma la infusión. Si se siente decaída, prepare también una taza de Que se haga la alegría (p. 116).

Bola de nieve Es una hierba específica para calmar los espasmos uterinos que causan los dolores del período. También ayuda a relajar la musculatura, reduce el dolor lumbar y alivia la sensación de pesadez en las piernas que puede ser tan incómoda.
Semilla de hinojo Conocido por facilitar el flujo de la menstruación, es específico para el dolor del período. Relaja la tensión, alivia espasmos y permite que la energía fluya. Además, alivia las molestias estomacales o náuseas que pueden sobrevenir con el dolor.
Raíz de cúrcuma También conocida en la India como diosa dorada, aligera la sangre, lo cual facilita su movimiento. También funciona como un analgésico farmacéutico al inhibir los mediadores de la inflamación del organismo (como la ciclooxigenasa). Bloquea los mensajes de dolor que la enzima llamada sustancia P envía al cerebro. La cúrcuma es uno de los mejores analgésicos de la naturaleza.
Raíz de valeriana Analgésico maravilloso de acción rápida, actúa directamente sobre sistema nervioso y libera de los espasmos, calambres y dolor. Es cálida, y favorece el movimiento y el contacto con la tierra. La raíz de valeriana posee un olor intenso.
Raíz de jengibre Caliente y vigorizante, aligera el flujo sanguíneo por el útero, acelera las menstruaciones lentas y alivia el dolor. Recurra al jengibre cuando el período se retrase, sea poco abundante, doloroso o con formación de coágulos. También es un buen antiespasmódico y antiinflamatorio.

Calma para los pequeños

En ocasiones, nuestro salvaje y maravilloso mundo puede resultar abrumador. Crecer con rapidez, aprender tanto cada día o hallarse en plena fase de cambios puede hacerse una montaña y provocar que el niño se sienta tenso. Como cabe esperar, la madre naturaleza está ahí para ayudarnos con algunas hierbas tranquilizadoras.

Flor de tilo, 2 g
Toronjil, 2 g
Flor de manzanilla, 2 g
Miel, al gusto

Salen 2-3 tazas de infusión tranquilizadora y refrescante. Para más información sobre las dosis para niños, véanse las páginas 25 y 161.

Ponga todos los ingredientes en una tetera. Añada 500 ml de agua filtrada recién hervida. Deje reposar 5-10 minutos, luego cuélelo y deje templar. Agregue unas gotas de miel para endulzar.

Flor de tilo Esta fragante flor es divina. Suave, dulce, sedosa, una experiencia que le quita hierro a todo. Calma la irritabilidad, alimenta la paciencia y desbloquea ceños fruncidos.

Toronjil La ligereza de esta planta tan etérea ayuda a ver las cosas con calma en plena tormenta. Erradica la ansiedad al fomentar la seguridad y la confianza cuando asoman el miedo inconsciente al fracaso y la baja autoestima.

Flor de manzanilla Superviviente a los fuertes vientos, ayuda a los seres demasiado sensibles a autoprotegerse. Su naturaleza amable y cariñosa aporta paz cuando hay desasosiego y ayuda a los pequeños a relajarse y calmarse.

Recurra a esta infusión cuando el niño se muestre tenso, ansioso, intranquilo o incapaz de dormir.

El sistema digestivo del niño se enfrenta a un doble reto: debe gestionar las constantes exigencias de los alimentos mientras madura y crece. Esto puede provocar malestares estomacales y dolores de barriga.

Alivio para la barriguita

Semilla de hinojo, 2 g
Hoja de menta piperita, 2 g
Flor de manzanilla, 2 g
Miel, al gusto

Salen 2-3 tazas de infusión para calmar el dolor de estómago. Para más información sobre las dosis para niños, véanse las páginas 25 y 161.

Ponga todos los ingredientes en una tetera. Añada 500 ml de agua filtrada recién hervida. Deje reposar 5-10 minutos, luego cuélelo y deje templar. Agregue unas gotas de miel para endulzar.

Recurra a esta infusión como ayuda a la digestión tras una comida. Muchos problemas de salud infantiles empiezan en el sistema digestivo, y esta bebida ayudará a mantenerlo sano (y a ellos).

Semilla de hinojo A los niños les encanta el sabor de la dulce semilla de anís, sus aceites esenciales invaden suavemente la infusión y calman el dolor de barriga en unos sorbos. Fortalece el fuego digestivo de modo que el niño es capaz de absorber mejor los alimentos.

Hoja de menta piperita La deliciosa menta facilita una digestión difícil y calma las náuseas, los gases y el dolor. Al olerla, se nota su efecto de apertura: tiene el mismo efecto en el estómago.

Flor de manzanilla Aporta calma y reduce la tensión del estómago dolorido. Los aceites esenciales funcionan en sinergia para detener los espasmos y favorecer la absorción de los nutrientes. Muchas pruebas clínicas han demostrado que la manzanilla es capaz de aliviar a los pequeños con cólicos.

Alivio para el resfriado

Cuando los niños sobrecargan su sistema digestivo pueden producir mucosidad. Los microbios infecciosos que llegan encuentran un caldo de cultivo ideal para proliferar y provocar la consabida mucosidad nasal y tos que los niños suelen padecer. Además de esta infusión, aligere la dieta del niño y déjele descansar.

Hoja de nébeda, 2 g
Flor de manzanilla, 2 g
Flor de saúco, 1 g
Raíz de jengibre fresca, 1 rodaja
Miel, al gusto

Salen 2-3 tazas de infusión para una recuperación rápida. Para más información sobre las dosis para niños, véanse las páginas 25 y 161.

Ponga todos los ingredientes en una tetera. Añada 500 ml de agua filtrada recién hervida. Deje reposar 5-10 minutos, luego cuélelo y deje templar. Agregue unas gotas de miel para endulzar.

Hoja de nébeda Esta hierba pertenece a la familia de la menta y posee efectos de dispersión y apertura similares: dispersa la mucosidad del pecho y abre las vías nasales. Es un remedio tradicional para reducir la fiebre infantil, ya que actúa con rapidez y sabe bien. Puede aumentar la circulación, lo cual baja la fiebre.

Flor de manzanilla La panacea para niños, relaja la tensión que provoca la enfermedad, mientras elimina la mucosidad del pecho.

Flor de saúco Una hierba específica para la tos que se alarga con la humedad del invierno. Aumenta tanto la energía como la inmunidad.

Raíz de jengibre Su calidez empuja el resfriado hacia arriba y hacia afuera. Su efecto estimulante en los pulmones disipa la mucosidad y seca la humedad donde sea necesario (pulmones, sistema digestivo, sistema urinario).

Si el niño presenta resfriados recurrentes, prepárele también una bebida caliente de bayas de saúco. Véase el Elixir de bayas de saúco (p. 144).

La adolescencia es una etapa tan maravillosa como extraña. Crecer para convertirse en uno mismo es algo que hacemos toda la vida, pero el cambio es más radical cuando se inicia la pubertad. La mayor conciencia de uno mismo suele mezclarse con una combinación de ilusión y asombro al darnos cuenta de nuestro poder y de las oportunidades y responsabilidades que conlleva. Esta infusión ayuda a mantener la serenidad al estudiante. Le será útil para lucir una piel sana, equilibrar las hormonas y alegrar el ánimo.

Adolescencia cool

Flor de paja de avena, 4 g
Hoja de ortiga, 2 g
Hoja de menta piperita, 1 g
Raíz de diente de león, 1 g
Raíz de bardana, 1 g
Raíz de regaliz, 1 g
Miel, al gusto

Salen 2-3 tazas de infusión para una adolescencia en forma.

Ponga todos los ingredientes en una tetera. Añada 500 ml de agua filtrada recién hervida. Deje reposar 5-10 minutos, luego cuélelo y deje templar. Agregue unas gotas de miel para endulzar.

Flor de paja de avena Un suave restaurador del sistema nervioso que favorece el equilibrio ante el cambio. La paja de avena es un buen tónico físico y emocional.

Hoja de ortiga Su perfil nutritivo (vitamina B, C, K, betacaroteno, hierro, calcio, magnesio, proteínas y ácidos grasos esenciales) nos ayuda a gestionar el cambio con fuerza, de modo que nos hace más resistentes ante la transformación.

Hoja de menta piperita Muy útil para digerir grandes platos de pasta, pizza, chocolate y alimentos pesados, grasos y dulces.

Raíz de diente de león La adolescencia es una fuente inagotable de pasión y ardor. Esto puede reflejarse en la piel, en forma de acné que el diente de león ayuda a eliminar.

Raíz de bardana Las púas de la semilla de bardana sirvieron de inspiración para crear el velcro; y como tal actúa en nosotros: la bardana atrapa y arranca desechos (toxinas –con frecuencia acumuladas con una dieta a base de comida basura– que provocan la aparición de granos). Se la conoce como *alterativo* que ayuda a modificar la química interior y encaminarnos hacia la salud. Especialmente indicada para limpiar la piel y mantenerla libre de acné juvenil.

Raíz de regaliz El dulzor del regaliz envía el mensaje al cerebro de que todo va bien, de modo que este devuelve mensajes de equilibrio al cuerpo: todo controlado.

Más allá
del té

«Saborea todas las gracias
cuando estés sentado y escuchando
a los pies de un verdadero amigo.»
Jalaluddin Rumi, místico y poeta sufí

Las hierbas no sirven solo para elaborar infusiones. Existen otros elixires, bebidas y preparados para disfrutar. Las hierbas regalan sus secretos de distintas maneras y a través de diferentes medios. El agua es uno evidente, ya que muchos compuestos vegetales son hidrosolubles, como el té. El alcohol, la miel, el yogur y el aceite también se emplean para extraer y conservar los compuestos no hidrosolubles: piense en los batidos, los zumos verdes, el pacharán o el aceite de albahaca.

Las siguientes recetas son otra forma de aprovechar los beneficios de la riqueza natural. Puede utilizarlas como parte de su dieta diaria, cuando se sienta más atrevido o para una celebración especial. Sea como fuere, sin duda aportarán un momento delicioso al día.

Para la conversión de gramos a cucharaditas, véase la página 24

El *lassi* es una bebida tradicional india elaborada con yogur, agua y otras delicias. Será una de las bebidas más deliciosas que prepare.

Lassi de esencia de rosa

Sirope de rosa
Pétalos de rosa frescos ecológico,
   2 puñados grandes
Miel, 300 g

Sirope de agua de rosas
Agua de rosas, 150 ml
Miel, 300 g

Para el *lassi*
Yogur, 100 g
Agua filtrada, 100 ml
Sirope de rosa, 1 cucharada (o sirope
   de agua de rosas, 1 cucharada)

Sale 1 taza de delicioso lassi.

Mezcle el yogur con el agua y luego añada el sirope de rosa. Con cada sorbo las rosas le ayudarán a abrir el corazón y saborear la alegría.

Yogur Cálido, húmedo y consistente, con un sabor agridulce, posee muchas cualidades. Según el ayurveda, reduce el *vata* seco y aumenta el *pitta* caliente y el *kapha* húmedo. Mejora la digestión, nutre la fertilidad y cura la diarrea. El ayurveda prescribe que nunca debe tomarse por la noche, en invierno ni en veranos muy calurosos recién sacado del frigorífico, ni sin mezclar con especias, mantequilla clarificada, miel, azúcar, judía mungo o mirobálano. Esto se debe a que posee una propiedad negativa singular que obstruye el flujo del agua en el cuerpo y bloquea los canales de circulación. Esta propiedad hidrofílica produce acumulación de mucosidad, retención de líquidos y congestión. Si desea obtener lo mejor del yogur, dilúyalo con agua y añada especias digestivas (comino, jengibre o cilantro) para convertirlo en un elixir sanador.

Para preparar el sirope de rosa
Disponga los pétalos frescos de rosa en un bol y cubra con la miel. Deje reposar toda la noche. Por la mañana, escurra el líquido con un colador de malla fina. Conserve el sirope en el frigorífico.

Para preparar el sirope de agua de rosas
Introduzca el agua de rosas y la miel en una botella y agítela hasta que la miel se haya disuelto en el agua. Conserve el sirope en el frigorífico.

Lassi digestivo

Esta es una bebida digestiva recomendada en el ayurveda para aumentar el fuego digestivo y favorecer la digestión. Ideal para acompañar una comida.

Cilantro fresco, 10 g o un puñado
Raíz de jengibre fresco, 2 rodajas
Comino molido, una pizca
Una piza de sal
Yogur, 100 g
Agua filtrada, 100 ml

Sale 1 taza de bebida para facilitar la digestión.

Pique el cilantro y el jengibre. Mezcle el yogur con el agua. Agregue las hierbas con una pizca de comino y sal. Mezcle de nuevo y deguste.

Esta es una magnífica bebida para contribuir a una buena digestión. Ayuda a alimentar la flora intestinal (los microorganismos del tracto digestivo), favorece la asimilación de nutrientes y propicia una digestión tranquila. El jengibre, el comino y la sal estimulan la digestión, mientras que el cilantro es rico en aceites esenciales aromáticos que favorecen la buena digestión.

He aquí una manera excelente de obtener una fuente de proteínas de fácil digestión y grasas saludables. Este rico elixir hará que comience el día con buen pie.

Las semillas de la vida

Yogur de coco, 100 g
Aceite de coco, 1 cucharada
Leche de almendras (u otro tipo),
    150 ml (puede usar la receta de
    leche de almendras de las p. 70: siga
    los pasos pero no añada azafrán,
    cardamomo ni miel)
Semillas de calabaza, 1 cucharada
Nueces, 1 cucharada
Semillas de lino, 1 cucharada
Aceite de semilla de cáñamo,
    2 cucharadas
Semilla de hinojo molida, una pizca
Cardamomo molido, una pizca

Sale 1 taza de buena vida.

Ponga las semillas de calabaza, las nueces y las semillas de lino en remojo con agua toda la noche para que despierten a la vida. Luego escúrralas por la mañana y mézclelas con el resto de ingredientes. Esto le llenará de energía.

La grasa es buena. Está demostrado que nuestro organismo precisa grasa de buena calidad con el fin de procesar nutrientes liposolubles como las vitaminas A, D, E y K, además de absorber las sustancias químicas vegetales (como los coloridos flavonoides y carotenoides) y ciertos minerales. Resulta esencial para producir suficientes enzimas digestivas. La necesitamos para regular la producción hormonal, nos aporta energía, ayuda a regular el estado de ánimo, protege los órganos y nos mantiene calientes. Nuestro cerebro está formado por grasa en un 60 por ciento y poseemos unos 15 kg de ella en el organismo. El sistema nervioso, el cerebro, los ojos, las articulaciones, todos presentan grasa en su composición. El hecho de que la grasa sea buena o mala, como ocurre con todos los principios ayurvédicos, depende de la cantidad que se consume y quién y cuándo la consuma.

Los ácidos grasos esenciales (también conocidos como aceites omega) son tan esenciales para la vida como las vitaminas y los minerales. Y como no podemos producirlos nosotros, debemos obtenerlos a través de la dieta. Tanto los ácidos grasos esenciales omega 6 (ácido linoleico) como omega 3 (ácido alfalinoleico) son importantes piezas del metabolismo y para formar las valiosas membranas celulares. En general, las grasas omega 6 tienden a producir inflamación, constricción de los vasos sanguíneos y formación de coágulos sanguíneos. Las grasas omega 3 poseen el efecto contrario: son antiinflamatorias, relajan los vasos sanguíneos, reducen la presión arterial y previenen la formación de coágulos.

Las semillas de cáñamo contienen la mayor cantidad de ácidos grasos esenciales que se halla en un aceite vegetal (80 por ciento). El aceite de semilla de cáñamo contiene omega 6, omega 3 y ácido gamalinoleico. Este último es un nutriente raro que se halla en la leche materna. El aceite de semilla de cáñamo presenta una proporción de omega 6 a omega 3 de 3 a 1, y esta es la proporción natural que refleja el equilibrio perfecto para una salud óptima.

Continúa en la página siguiente

Más allá del té

Las semillas de la vida

Las mujeres necesitan 3 cucharadas al día de aceite de semilla de cáñamo y los hombres 4 para mantener niveles adecuados de ácido eicosapentaenoico (EPA) y ácido docosahexaenoico (DHA). Las mujeres necesitan menos y lo convierten mejor.

En términos de grasas saludables, el aceite virgen de coco es fácilmente digerible y contiene ácidos grasos /triglicéridos de cadena media, lo cual aumenta la tasa metabólica y tiene un efecto directo en la eficiencia del sistema digestivo y el hígado. El aceite virgen de coco no requiere la enzima pancreática lipasa para digerir sus grasas y va directamente al hígado para transformarse en energía. De este modo, se evita el camino habitual de digestión de grasas, cosa que reduce el riesgo de desequilibrio de colesterol y acumulación de grasas en la sangre. En consecuencia, puede ser un ingrediente saludable para añadir a una dieta equilibrada para perder peso. Su naturaleza calmante, refrescante y aceitosa lo hace indicado como remedio ideal para la inflamación e irritación interna y externa.

Los omega 6 se hallan en el aceite de girasol, el aceite de colza, el aceite de maíz y los aceites de alazor; los alimentos procesados suelen contener un elevado nivel de este tipo de aceites.

Los omega 3 se hallan en el aceite de semillas de cáñamo, aceite de semillas de lino, aceite de nueces y aceite de semillas de calabaza. (También en algunos pescados, como el salmón y el atún, pero estos no saben bien en un batido de leche.)

Si bien los ácidos grasos omega 6 son necesarios para la función inmune y coagulación, demasiados omega 6 pueden fomentar una coagulación anómala y desequilibrar el sistema inmune. Se cree que nuestros ancestros evolucionaron con una dieta en que estos dos ácidos grasos se hallaban por igual. Sin embargo, la dieta moderna presenta hasta 20 veces más omega 6 que omega 3. Se cree que muchas de las enfermedades crónicas degenerativas de hoy en día tienen su origen en un desequilibrio entre omega 6 y omega 3 en la dieta. Esto significa que es necesario consumirlos en la proporción adecuada. Las ratios saludables de omega 6 a omega 3 van de 1:1 a 4:1. Aquí radica la importancia de las semillas de la vida.

Esta bebida ayuda a sentirse limpio al instante. Pero si se toma a lo largo de unas cuantas semanas, su contenido en clorofila y minerales ayuda a alcalinizar, limpiar y restaurar los tejidos. Es buena para la piel, los ojos y la sangre, y restituye los niveles de vitaminas, minerales y fitonutrientes.

Verde y limpio

Hierba de trigo en zumo o en
  polvo, o polvo Pukka Clean
  Greens, 1 cucharadita
Aguacate, 1 (pelado y deshuesado)
Pepino, ¼
Apio, 1 rama
Hojas verdes (como espinacas,
  rúcula o col verde), 2 puñados
  grandes
Hojas de menta fresca, 6
Cilantro fresco, 10 g (alrededor
  de 1 puñado)
Zumo de ½ limón
Pimienta negra, una pizca
Raíz de jengibre fresca, 2 cm
Raíz de cúrcuma fresca, 2 cm
Zumo de aloe vera, 1 cucharada
Sal del Himalaya, una pizca
Algas marinas secas,
  ½ cucharadita
Agua filtrada, 300 ml

Salen 2 tazas de bebida repleta de beneficios.

Ponga todos los ingredientes en la batidora y triture bien. Tome la bebida enseguida.

La clorofila captura la energía del sol y la transforma para que la vida florezca en la tierra. La única diferencia entre las moléculas de clorofila y las de hemo (la parte de la hemoglobina que transporta el oxígeno) es el magnesio que se encuentra en la clorofila y el hierro de la hemoglobina. Esta podría resultar una de las razones por las que la clorofila puede ser tan beneficiosa para la sangre. Posee la capacidad de limpiar a la vez que reconstruye. Esto la hace perfecta para mantener el frescor y la energía del organismo. Mezclada con multitud de nutrientes beneficiosos, la clorofila lleva sus propiedades refrescantes y tranquilizantes al interior de los tejidos. La clorofila de estas plantas posee la habilidad de nutrir los glóbulos rojos y por tanto es útil en caso de anemia y de inflamación del sistema digestivo (u otros órganos).

El zumo de hierba de trigo contiene numerosos nutrientes y enzimas bioactivos, que son proteínas naturales que actúan como catalizadores de la actividad metabólica, contribuyendo a la función inmune, la eliminación de radicales libres, la depuración y la producción de energía. El zumo de hierba de trigo es conocido por inducir una respuesta rápida de curación gracias a sus elevados niveles de glutatión desintoxicante. Además, es rico en superóxido dismutasa, una de las principales enzimas bioactivas, que colabora en la formación de glutatión y ralentiza la degeneración celular, envejecimiento y aparición de arrugas.

Las algas son nutritivas y depurativas. Limpian la linfa, benefician la tiroides y favorecen la pérdida de peso. Crecen sumergidas con todos los oligoelementos de la tierra que han llegado al mar a lo largo de milenios.

Tome esta bebida de glorioso color para animarse, nutrirse y revitalizar su energía. Rebosa vitaminas, minerales y antioxidantes.

Subidón con bayas

Bayas (azules, negras, rojas o moradas),
   100 g, alrededor de 1 puñado
Suplemento de superalimentos rojos,
   como Vitalise de Pukka, 1 cucharada
Zumo de granada, 200 ml
Aceite de semillas de cáñamo,
   1 cucharada
Mirobálano en polvo, 1 cucharadita
Miel, al gusto (opcional)

Salen 2 tazas de bebida llena de beneficios.

Triture bien todos los ingredientes juntos con un poco de agua.

Las bayas –acerola, mirobálano, arándano, mirtilo, mora, grosella negra o baya de saúco–, están repletas de vitaminas y fitonutrientes (los flavonoides quercetina, ácido elágico y compuestos fenólicos como el resveratrol, antocianinas y proantocianinas; las antocianinas son lo que aportan a estos frutos su llamativo color rojo, azul y morado). Las bayas son conocidas por sus propiedades antiedad y antioxidantes, ya que ayudan a proteger las células de la oxidación. Retrasan e inhiben la absorción de productos oxidativos que pueden dañar el ADN mediante el denominado «efecto lipoperoxidativo». Protegen los valiosos lípidos de las membranas celulares, ralentizan la reproducción de células con aberraciones e inmovilizan a las células mutadas. Esto nos ayuda a envejecer con gracia y salud. Sus jugos evitan la formación de coágulos sanguíneos al reducir el nivel de plaquetas, beneficioso para el sistema circulatorio y para los que presentan riesgo de ictus e infartos cardíacos. También reducen la inflamación y fortalecen el tejido colágeno del organismo.

El mirobálano (o *amla*) rejuvenece los tres *doshas* y se emplea para mitigar la fatiga. Su mejor rasgo es su flexibilidad terapéutica: es un estimulante del sistema inmune (beneficioso para las infecciones de corto plazo) y un *adaptógeno* que nutre en profundidad el sistema inmune para ofrecer protección a largo plazo ante las enfermedades degenerativas. Su potente capacidad antioxidante puede ayudar a retrasar el envejecimiento y prolongar la vida, y es útil en casos de inflamación crónica o debilidad del sistema digestivo, el hígado, la sangre o el corazón. Es parte de la famosa fórmula *triphala* y uno de los remedios ayurvédicos más importantes. También es uno de los principales ingredientes del *chyawanprash* (mermelada ayurvédica nutritiva), que es otra buena manera de obtener la dosis diaria de mirobálano.

Este es un elixir divertido y fácil de preparar. Le iniciará en el camino de la experimentación con hierbas, ya que puede aplicar el principio de esta receta con cualquier alcohol de más de 12,5 ° y las hierbas de su elección. Elabórelo para aportar calidez cuando empiecen a alargarse las noches en invierno.

Elixir tónico invernal

Brandi, 700 ml
Amaretto, 300 ml
Raíz de *ginseng*, 20 g
Tragacanto, 10 g
Corteza de canela, 10 g (unas dos ramitas)
Hierba mora mayor, 5 g
Raíz de jengibre en polvo, 5 g
Romero, 2 ramitas
Piel de naranja, 5 g

Sale 1 litro de gustosa tintura.

Mezcle los líquidos y deje las hierbas en remojo en la mezcla 1 mes. Cuélelo, luego embotelle la mitad para usted y la otra mitad para un amigo. Sorba en noches frías de invierno para levantar el ánimo y seguir fuerte.

Todas las hierbas de este elixir actúan como tónicos rejuvenecedores que aportan energía, vitalidad y calor al organismo. El *ginseng*, el tragacanto y la hierba mora mayor proporcionan energía profunda, mientras que la canela, el jengibre y el romero vigorizan la circulación y calientan de la cabeza a los pies.

Prepare esta poción de frutos silvestres para reforzar el sistema inmune en invierno. Recoger las bayas es una manera de capturar una parte de la protección vegetal que proporciona la naturaleza, puesto que nos ayudan a alejar los resfriados.

Frutos del bosque

Bayas de saúco frescas, 60 g
Majuelas, 30 g
Escaramujo, 60 g
Frambuesas frescas, 60 g
Endrinas frescas, 30 g
Vodka (40 % vol.), 700 ml
Miel, 200 ml

Sale 1 litro de bebida protectora con frutas.

Remoje las bayas en el vodka y la miel durante 1 mes. Cuélelo, luego embotéllelo y disfrútelo como tónico invernal para mantener a raya el frío y los resfriados.

Las bayas de saúco son uno de los protectores más potentes contra los virus respiratorios, ya que evitan su reproducción y expansión. Las majuelas son buenas para el pecho y el escaramujo contiene cantidad de flavonoides y vitamina C protectores. Las frambuesas otoñales aportan un montón de cosas, entre ellas, un delicioso sabor a esta bebida.

Esta bebida le hará burbujear.
Disfrútela con los amigos.

Burbujas silvestres

Té Supreme Matcha Green de Pukka, 3 bolsitas
Té Three Licorice de Pukka, 1 bolsita
Hojas de menta fresca, 1 manojo
Azúcar moreno, 2 ½ cucharadas
Ron blanco, 25 ml/1 chupito por copa
Cava o Prosecco (suficiente para acabar de llenar
    las copas)

Salen 15 copitas de burbujas.

Cubra las bolsitas de té con 750 ml de agua filtrada
hervida. Deje que hagan infusión 20 minutos en un
recipiente tapado. Cuele y deje templar. Chafe las hojas
de menta con el azúcar y añada una o dos hojas más a
cada copa. Llene la mitad de la copa con el té, añada
1 chupito de ron a cada copa, y luego acabe de
llenarlas con el vino espumoso.

Puro frescor burbujeando con la exuberancia de la vida. Prepare esta bebida para aportar la energía del té matcha a la noche.

Mojito con matcha y tres mentas

Té Three Mint de Pukka, 3 bolsitas
Menta fresca, 3 hojas por vaso
Panela (o azúcar moreno), 1 cucharada
Ron blanco, 25 ml/1 chupito por vaso
Zumo de 1 lima
Matcha, una pizca por vaso
Agua con gas (suficiente para acabar
    de llenar los vasos)

Salen 3 vasos de diversión con gas.

Cubra las bolsitas de té con 150 ml de agua hirviendo. Deje que hagan infusión 30 minutos en un recipiente tapado. Cuele y deje enfriar en el frigorífico 2 horas. Chafe las hojas de menta con el azúcar. Cuando vaya a servir, añada a cada copa 1 chupito de ron, 2 chupitos de té de menta y un puñado de hielo picado. Agregue un chorrito de zumo de lima, un poco de té matcha y unas hojas de menta picadas. Remueva y acabe de llenar los vasos con el agua carbonatada.

Esta es una bebida de jengibre para disfrutar. Es fabulosamente especiada, ideal para las noches frescas de verano.

Princesa *ginger-ale*

Té Three Ginger de Pukka, 3 bolsitas
Ginebra, 25 ml/1 chupito por vaso
Zumo de ¼ de limón
Miel, al gusto
Ginger-ale (suficiente para acabar
    de llenar los vasos)

Salen 3 vasos de gin con ginger-ale.

Cubra las bolsitas de té con 150 ml de agua hirviendo. Deje que hagan infusión 30 minutos en un recipiente tapado. Cuele y deje enfriar en el frigorífico 2 horas. Cuando vaya a servir, añada a cada vaso 1 chupito de ginebra, 2 chupitos de té de jengibre, hielo picado, unas gotas de zumo de limón y un poco de miel. Remueva y acabe de llenar los vasos con *ginger-ale*.

Una bebida especial para ocasiones especiales.
Cuando damos una fiesta en Pukka, tengo la
agradable responsabilidad de preparar este
cóctel. Una mezcla original que inventé para
celebrar nuestro décimo aniversario en 2011 y
que se ha convertido en un clásico.

Pukkalini

Té Love Tea de Pukka, 3 bolsitas
Zumo de granada, 50 ml/2 chupitos por copa
Agua de rosas (opcional), 1 cucharadita por copa
Pétalos frescos de rosas (opcional), 1 por copa
Champán (suficiente para acabar de llenar las copas)

Salen 3 copas de cóctel de celebración.

Cubra las bolsitas de té con 150 ml de agua hirviendo. Deje que
hagan infusión 30 minutos en un recipiente tapado. Cuele y deje
enfriar en el frigorífico 2 horas. Cuando vaya a servir, añada a cada
copa 2 chupitos de Love Tea, 2 chupitos de zumo de granada y
acabe de llenar las copas con champán. Agregue un poco de agua
de rosas si le apetece. Decore con un pétalo de rosa.

Acerca del ayurveda

El ayurveda es una inspiración. Es el sistema tradicional indio de salud holística. Describe una manera de vivir que optimiza el potencial genético y puede transformar la vida. La esencia del ayurveda encaja perfectamente con lo que deseamos compartir en Pukka: queremos conectar las personas con las plantas y acentuar el potencial vital.

En esencia, el ayurveda enseña respeto hacia la naturaleza y apreciación de la vida mostrándonos cómo empoderarnos como individuos. Nos recuerda que somos los que más sabemos acerca de nosotros mismos, de modo que, en este sentido, podemos ser nuestros mejores médicos. La esencia de todos los alimentos, pensamientos y sentimientos en que sumergimos nuestras células cada día se convierte en la realidad de nuestra salud, ya sea buena o mala. Las enseñanzas del ayurveda nos sitúan al mando de nuestra vida, mostrándonos que nuestro entorno y comportamiento determinan nuestro futuro.

El ayurveda es un sistema de medicina y una forma de vida que se adapta a los cambios de las estaciones, del clima, el momento y el lugar. Enseña adaptaciones dietéticas y comportamentales que pueden adoptarse al madurar desde la infancia hasta la edad adulta y la vejez. Aporta consejos sobre cómo evitar la enfermedad y recomendaciones específicas para reajustar los hábitos cotidianos. El ayurveda centra su atención en la singularidad de cada individuo. Por eso, es un sistema universal aplicable a cualquier persona en cualquier lugar del mundo. Se trata de medicina personalizada en su mejor versión.

El ayurveda es un sistema maravillosamente sencillo de seguir porque solo precisa que uno sea consciente del mundo que le rodea. Es una lección para «observar y sentir la vida». Tomemos como ejemplo los extremos de la naturaleza: ¿hace frío o calor? ¿Humedad o sequedad? ¿Algo es ligero o pesado? ¿Cómo nos afectan e influyen estos extremos? Por ejemplo, el sol es caliente y puede aportar vitamina D, que alimenta la vida, o quemar y provocar dolor. El eczema es una enfermedad «caliente» que precisa antiinflamatorios refrescantes, mientras que la deficiencia tiroidea es una enfermedad «fría» que precisa la estimulación del equilibrio hormonal. Algunos alimentos son calientes, como el whisky y los pimientos picantes, y tomarlos en exceso puede provocar acidez de estómago. Al notar lo que ocurre, podemos empezar a tomar decisiones.

El ayurveda nos ayuda a tomar decisiones enseñándonos a vivir según nuestra constitución individual y singular. Es posible que haya oído hablar de las tres constituciones ayurvédicas: *vata*, *pitta* y *kapha*. Se denominan los tres *dosha*. Cuando nuestro comportamiento y entorno refuerzan nuestras tendencias *dosha*, gozamos de salud; cuando no es así, podemos experimentar dificultades.

Nuestro *dosha* es realmente la descripción ayurvédica de nuestro potencial genético. Heredamos de nuestros ancestros las cualidades y tendencias que nos hacen singulares. Al comprender estas tendencias y su potencial, además de las limitaciones, podemos influir en el comportamiento y rendimiento de nuestras células. El ayurveda ha agrupado estas tendencias en tres grupos generales.

Vata (V)

El *vata* está conectado con los elementos del viento móvil y el vasto espacio. Regula el movimiento y la comunicación y se asocia al sistema nervioso. Es responsable del modo en que entra y sale todo de nuestro cuerpo: respiración, nutrición, nervios, hormonas, flato y feto. Los tipos *vata* no son los que mejor gestionan sus recursos, pero son la cima de la energía creativa. Sensibles, conscientes y concienzudos, pueden pensar demasiado sobre la vida y dejarse abatir por la ansiedad. Si el *vata* está desequilibrado, se puede experimentar fluctuación de la energía, brotes depresivos, insomnio, indigestión, estreñimiento, menstruaciones dolorosas e infertilidad. La salud del *vata* puede ser vulnerable a la fluctuación, y si bien se hunde rápidamente también se recupera enseguida. Los músicos, poetas y místicos tienden a ser *vata*.

Pitta (P)

El *pitta* está conectado con los elementos de fuego transformador y agua que fluye. Regula el calor, gestiona la digestión e influye en la producción de hormonas. La persona *pitta* es experta en controlar la energía, de ahí que muchos sean directores, atletas y personas de acción. No obstante, toda esta precisión y perfección puede conducir a enfados y explosiones de furia cuando las cosas no van bien. Competitivos y autoexigentes por naturaleza, a los tipos *pitta* les gusta ser mejores que los demás. Si se desequilibran, pueden padecer acidez de estómago, presión sanguínea elevada, erupciones cutáneas, sofocos e irritación. Con la fortuna de una salud robusta, necesitan mantener bajos los niveles de inflamación y calor para poder canalizar su naturaleza compasiva y evitar explotar.

Kapha (K)

El *kapha* está conectado con los elementos de la solidez de la tierra y la cohesión del agua. Es responsable de la fuerza, los niveles de humedad y la estructura del cuerpo. El cometido del *kapha* consiste en almacenar energía. Los *kapha* son los maestros de la conservación, lo cual les otorga un enorme poder mental, buena memoria y resistencia destacable. Por desgracia, suele disgustarles gastar la energía, no les gusta el cambio, evitan el ejercicio y les encanta el sofá. Si el *kapha* está en desequilibrio, acumula demasiado peso, infecciones mucosas de pecho, poca energía y, a la larga, problemas de insuficiencia cardíaca y diabetes. Por fuertes que sean los *kapha*, necesitan seguir en movimiento para mantener la digestión y el metabolismo en funcionamiento.

El ayurveda en la salud y la enfermedad

Solo porque algunos de nosotros ignoremos en gran medida nuestro conocimiento de medicina tradicional a favor de la medicina hecha igual para todos, esto no significa que no sea valiosa ni que no funcione en otras partes del mundo. El uso tradicional de plantas para curarse es el conocimiento refinado de cientos de generaciones. Al estilo de la verdadera investigación científica, se ha evaluado y reevaluado cuidadosamente una y otra vez por sus practicantes. No se trata de los relatos anecdóticos de unos cuantos practicantes o recién llegados entusiastas. Cuando el uso tradicional forma parte de un gran sistema o cultura, la información que comparte debería puntuarse alto porque ha evolucionado a lo largo de muchos años y se ha probado con gran cantidad de personas. Como el ayurveda ha crecido con la cultura india (que únicamente puede describirse como una gran cultura), sus conocimientos también deberían tenerse en alta consideración como fiables y útiles. Igual que la tradición china, japonesa y otras de curación natural.

El ayurveda enseña que la enfermedad se debe primordialmente al desequilibrio de los procesos internos del cuerpo y la mente. Es decir, la manera en que respondemos a los retos a los que nos enfrentamos no favorece nuestra salud tanto como podría. Esto es distinto a nuestra visión moderna de la enfermedad: que los órganos se hallan aislados unos de otros y los microbios u hormonas provocan la enfermedad. Se trata de la vieja teoría del «terreno» contra el «germen» (que dice que si el terreno es fuerte los gérmenes no nos pueden dañar). Aunque el ayurveda comprende que el potencial de los organismos invasores puede sobrepasar incluso el de la constitución más fuerte, su concepto primario de la enfermedad es sistémico en lugar de reduccionista. La enfermedad, especialmente la crónica, surge de la falta de equilibrio del sistema entero. El ayurveda se centra en los patrones fisiológicos en lugar de en la patología; se centra en la persona y no en un número o el nombre de la enfermedad.

Para que comprenda en qué consiste conseguir la mezcla de tés adecuada para usted, he aquí el modo en que diferentes sabores pueden influir en su salud.

El sabor de la naturaleza

En la naturaleza existen multitud de sabores, y nacemos preparados para explorarlos todos. Disponemos de 2.000 a 5.000 papilas gustativas en la lengua con 100 receptores cada una. Esto son muchísimos centros de sentido del gusto. Los diferentes sabores se perciben mediante distintos intercambios moleculares en los receptores de la papila gustativa. Además de las papilas, intervienen otros factores para percibir la experiencia completa del sabor: nuestro sentido del olfato la acentúa, mientras que los nervios transmiten la experiencia de la textura y la temperatura al cerebro. La compañía también influye.

Mientras que la ciencia moderna identifica solo cinco sabores (dulce, ácido, salado, amargo, umami), el ayurveda lleva tiempo reconociendo seis sabores. Al dulce, salado, ácido y amargo, añade el «especiado-picante» y el «astringente». El especiado-picante se experimenta a través de señales nerviosas enviadas (al masticar) de la boca al cerebro, y la astringencia se experimenta como una tensión de las membranas mucosas de la lengua y en la boca causada por los taninos de los alimentos: por eso no se clasifican como sabores «oficiales». Pero como el ayurveda es un sistema realmente práctico (y con diferencia el más desarrollado en el mundo de la categorización de los efectos del sabor en la salud), incluye algunos que poseen efectos fisiológicos específicos.

La palabra en sánscrito que significa sabor es *rasa*, y es muy fértil: además de «sabor», significa «esencia», «jugo», «savia», «líquido linfático», «gusto» y «delicioso». Solo pronunciar la palabra suena «jugoso». El sabor es la esencia de la vida: lo afecta todo. Y ya que estoy metido en el tema de lo delicioso, *pukka* es una palabra que significa «genuino» y «auténtico», además de traducirse también como «jugoso, maduro y listo para comer».

Para comprender cómo funciona el sabor en el ayurveda, hay que aprender unos principios básicos. Los siguientes párrafos son un poco más técnicos. Utilice esta sección cuando necesite aclaraciones.

El ayurveda enseña que todo en la tierra posee los cinco elementos naturales –espacio, aire, fuego, agua y tierra– en su interior, pero que normalmente solo uno o dos dominan. Por ejemplo, el sabor especiado-picante es dominado por el fuego y el aire y, como un fuego y el viento, el sabor es caliente, seco y ligero. Además de poseer cualidades elementales, el sabor presenta una serie de efectos en el cuerpo y la mente.

Temperatura

Cada sabor concreto afecta a las cualidades termorreguladoras y metabólicas del organismo (es decir, lo calienta o lo refresca). Por ejemplo, la canela es especiada-picante y caliente, lo cual aumenta la temperatura corporal. Las uvas son dulces y refrescantes, lo cual puede ayudar a bajarla.

Caliente

El calor calienta, seca, vigoriza y estimula los tejidos. Del mismo modo que el sol de un día caluroso hace que la sangre aflore a la superficie corporal, las hierbas energéticamente calientes hacen que el metabolismo se expanda hacia arriba y hacia afuera, abriendo los poros de la piel. Las sustancias calientes son ricas en el elemento fuego. El calor incrementa el metabolismo, favorece la circulación, causa sudoración, vahídos y sed. Las sustancias calientes suelen emplearse para tratar el resfriado y las afecciones de contracción, carencia y letargo. Beneficiosas para el *kapha* y el *vata*, secan la humedad, las flemas y calientan el resfriado. Como los iguales se suman, las cualidades especiadas-picantes de las hierbas como el jengibre o la canela fortalecen el fuego digestivo (denominado *agni* en ayurveda) para que funcione óptimamente. Las hierbas que son calientes normalmente contienen aceites volátiles o glucósidos que estimulan las secreciones gástricas, además de ayudar al cuerpo a asimilar los nutrientes. Las hierbas y los alimentos de naturaleza caliente presentan una afinidad particular con el corazón, la cabeza, el hígado y los pulmones, y suelen utilizarse

cuando estas zonas están en desequilibrio, pero las sustancias calientes pueden dañarlos si se emplean sin conocimiento. Las hierbas picantes, ácidas y saladas tienden a ser calientes.

Frío

Las hierbas de naturaleza fría refrescan, hidratan y sedan los tejidos y el metabolismo. Como el frío de un día de invierno nos hace temblar, las hierbas frías contraen los músculos y estrechan los canales de circulación. Son ricas en el elemento agua. Las sustancias frías suelen emplearse para tratar afecciones de «calor», inflamación y exceso. El frío beneficia el *pitta* y agrava el *kapha* y el *vata*. Las hierbas que son de naturaleza fría calman el dolor y la inflamación de las afecciones por calor. La digestión puede dañarse fácilmente con las hierbas de naturaleza fría y deben emplearse con cuidado en casos de diarrea y digestión lenta causada por el frío. Las hierbas frías poseen afinidad con el estómago, los riñones y la vejiga, y pueden debilitarlos si se usan con exceso. Las hierbas amargas, astringentes y dulces suelen ser refrescantes.

Cualidad (pesado/ligero, húmedo/seco, penetrante/suave)

El sabor también define los efectos de una hierba o alimento en particular. Si es ligero o pesado de digerir, y húmedo o seco para las membranas mucosas. También define si la hierba es penetrante o suave. Por ejemplo, la pimienta negra es especiada y caliente, además de poseer las cualidades de ser ligera, seca y penetrante: es fácil de digerir, seca las membranas mucosas y penetra profundamente en los tejidos. Mastique un grano de pimienta y notará claramente estas cualidades. La raíz de malvavisco es lo opuesto: es dulce e hidratante y suave, lo que la hace especialmente indicada para curar heridas y reducir la sequedad y la inflamación.

Dirección (dónde va el alimento dentro del organismo)

Los sabores también presentan afinidades con ciertas partes del organismo. Todos sabemos que el ajo va a los pulmones ya que lo olemos en nuestro aliento (y en el de los demás). Combate las infecciones pulmonares y la tos. El espárrago es conocido por facilitar la micción: el ayurveda sabe que el espárrago es un alimento amargo y refrescante que alivia el calor interno por vía del sistema urinario. Es bueno para la cistitis y los problemas urinarios. El jengibre tiene diversos «destinos», elimina mucosidad de los pulmones, calienta la piel, vigoriza la sangre y relaja los músculos. Algunas hierbas se dirigen al cerebro (salvia), al corazón (majuela), al sistema urinario (seda de maíz), a la piel (raíz de bardana)... Saber adónde va una hierba es una de las claves para comprender bien cómo mezclarlas.

Además, el sabor afecta al movimiento de la energía en el organismo, influyendo en la dirección en que viaja el *vata* (el *dosha* responsable del movimiento). Por ejemplo, el sabor picante (como el del jengibre fresco) asciende y extiende la energía hacia fuera, provocando la sudoración, mientras que el sabor amargo (como el del café) desciende y causa el movimiento de la energía hacia abajo, con un efecto diurético y laxante.

Dosha (efecto en la constitución)

Los sabores también influyen en el *dosha*. Por ejemplo, el sabor dulce fomenta el *kapha* terrenal, refresca el *pitta* caliente y reduce el *vata* aéreo. Como el dulce es un sabor nutritivo, aumenta el volumen de todos los tejidos. De modo que no es de sorprender que vivamos básicamente de alimentos dulces, como el trigo, el arroz y las hortalizas, ya que nos mantienen fuertes.

Los seis sabores

Exploremos ahora los seis sabores en profundidad: dulce, ácido, salado, especiado-picante, amargo y astringente. Al hacerlo cabe recordar que nuestra manera de «saborear» la vida afecta a nuestra salud y nuestro estado de ánimo. Si su experiencia de la vida es «dulce», estará usted habitualmente contento, mientras que los episodios «amargos» serán menos saboreados. Como nuestra manera de saborear la vida se convierte en nuestro *rasa*, nuestra esencia, es útil saber cómo nos afecta el sabor para poder saborear una vida «dulce».

Dulce

El sabor dulce está formado por los elementos de tierra y agua. Esto significa que posee las cualidades de ambos: pesado y descendiente (como la tierra) y, como el agua, húmedo y frío (cuando el agua se somete al calor se calienta, pero en su estado «primordial» es fría). Como ocurre al construir castillos de arena, al mezclar tierra con agua se forma una pasta que mantiene las cosas unidas. El sabor dulce es el de la fuerza y la estructura. También es el sabor del amor, la compasión y el altruismo. Regalamos dulces a los amigos como acto de compañerismo y para compartir. Este se considera el sabor más espiritualmente nutritivo y se emplea para agudizar la experiencia de la claridad y la consciencia del aspecto espiritual de la vida.

Todos conocemos el sabor dulce. Sus principales receptores se hallan en la parte delantera de la lengua. El dulzor procede de los azúcares: glucosa, sacarosa, fructosa, maltosa. Constan de cadenas cortas (mono) y largas (poli) de sacáridos, es el sabor de la energía. Muchos carbohidratos, grasas y proteínas son dulces y su energía potencial se mide en kilojulios. Los alimentos y las hierbas de sabor dulce se consideran tónicos, y nutren y refuerzan todos los tejidos. El regaliz (*Glycyrrhiza glabra*), la remolacha (*Beta vulgaris*) y la hierba *shatavari* (*Asparagus racemosus*) son dulces y nutren los tejidos reproductivos más profundos. El sabor dulce incrementa la fuerza reproductiva y la integridad del sistema inmune. Muchos tónicos reconocidos para la inmunidad presentan un sabor dulce y están llenos de saponinas y polisacáridos que modulan la inmunidad.

Las sustancias y experiencias dulces aumentan el *kapha* fluido y reducen el *pitta* caliente y el *vata* nervioso. Como sabor *demulcente*, suave, calmante y húmedo, el dulzor reduce en parte la sequedad y la debilidad relacionada con el *vata*. Es un sanador de tejidos, y las hierbas dulces suelen usarse para acelerar la reparación de heridas (como el aloe vera o el malvavisco). El dulzor beneficia las membranas mucosas que revisten la boca, los pulmones y los sistemas digestivo, urinario y reproductivo. Puede ayudar a aliviar una garganta y unos pulmones secos al facilitar la *expectoración*. Su tendencia refrescante y antiinflamatoria ayudan a rebajar el intenso calor del *pitta* o las afecciones «-itis» (como la bronquitis). Esto también lo favorece su efecto ablandador, como laxante suave. Beneficia la tez, mejora la calidad del cabello y las uñas, y es el mejor sabor para conseguir una voz suave. Siguiendo el principio que dice que lo similar se atrae, uno debe aumentar las experiencias y los sabores dulces de la vida con el fin de estar verdaderamente nutrido, amado y querido. Esto creará un ciclo de benevolencia en aumento constante.

Cuando se consume en exceso y de forma concentrada (como el azúcar refinado, las pastas, los helados), puede causar mucosidad y favorecer la congestión. Puede provocar toxinas (llamadas *ama* en ayurveda), fiebre, problemas de pecho y respiratorios, inflamación de las glándulas linfáticas, flacidez, pesadez, parásitos, infecciones fúngicas, obesidad y diabetes. Las excepciones a esta norma de sustancias dulces que aumentan el *kapha* son la miel, las judías mungo y la cebada; estas se consideran equilibradoras del exceso de humedad, ya que pueden ser diuréticas.

Como el dulce es el sabor de la vida, muchos de nuestros tés y remedios Pukka son dulces: Three Licorice, Three Fennel, Three Cinnamon, Peppermint and Licorice, Licorice and Cinnamon, Vanilla Chai, Elderberry and Echinacea, Chamomile, Vanilla and Manuka Honey, Detox, Relax, Refresh, Night Time, Blackcurrant Beauty, Sweet Vanilla Green y Love, además del Elderberry Syrup, Vitalise, Clean Greens y Aloe Vera Juice.

Ácido

El sabor ácido está formado por los elementos de tierra y fuego. Sus cualidades son caliente, aceitoso y ligero. Crea humedad y calor en el cuerpo y la mente. Estimula la digestión y mejora la sequedad. Los alimentos ácidos humedecen la boca y aumentan el flujo de saliva. Cuando se toman en exceso, los tejidos se encogen hacia dentro, los labios se aprietan y los pelos se erizan. Esta contracción crea una renuencia emocional a compartir cosas. Se cree que tomar demasiados alimentos ácidos fomenta la envidia y puede influir en la manera de experimentar la vida.

El sabor ácido se halla en cítricos, lácteos, málicos, oxálicos y ascórbicos. Los receptores de este sabor se hallan en las papilas del lateral de la lengua. Los ácidos ejercen un efecto directo en la digestión al promover la función hepática a través de diversos mecanismos. Como pueden reducir el ácido estomacal, esto significa que el hígado tiene que producir menos fluidos alcalinos para neutralizar estos ácidos. Los sabores ácidos también incrementan el flujo biliar que colabora en la digestión de las grasas. Las frutas inmaduras son ácidas y suelen emplearse para los *chutneys* digestivos indios. Las frutas ácidas como el limón y el mirobálano son ricas en vitamina C y se consideran antioxidantes, rejuvenecedoras y tónicas.

Como el sabor ácido agrava el *pitta* caliente y licúa el *kapha* pegajoso, no suele ser beneficioso para las afecciones calientes y húmedas. También se considera que irrita la sangre, y se recomienda que lo eviten las personas con enfermedades de la piel. La mayoría de alimentos fermentados son ácidos: el yogur fermentado, los panes de masa fermentada, el vinagre, los encurtidos y el alcohol son alimentos ácidos que aumentan el calor y la mucosidad. Cualquiera que haya tomado una copa de vino de más lo sabe. El sabor ácido nutre todos los tejidos excepto el tejido reproductivo más profundo. Alivia el *vata* y las irritaciones del sistema nervioso, y reúne de nuevo la energía esparcida. Es un *carminativo* específico útil para la digestión, mientras que también elimina gases y mitiga la indigestión. Las semillas de mirobálano, limón y granada son la excepción a la norma de que el sabor ácido agrava el *pitta*, ya que de hecho reducen el calor y la inflamación.

En exceso, el ácido puede provocar mareos, sed, sensación de ardor, fiebre, picor, anemia y enfermedades de la piel.

Los tés y remedios Pukka con notas ácidas son Lemon and Mandarin, Clean Greens, Detox with Lemon, Blackcurrant Beauty, Elderberry and Echinacea, Womankind, y Natural Vitamin C, Wholistic Triphala y los suplementos Womankind Cranberry.

Salado
En la sal predominan los elementos de agua y fuego. Crea humedad y calor, y es pesada y hunde. Un granito en la lengua instantáneamente provoca humedad. Una pizca en la comida facilita la digestión. Es un sabor fácilmente reconocible y sus receptores se hallan hacia la parte delantera de la lengua. Su efecto de hundimiento y pesadez mantiene el sistema nervioso anclado, y esto favorece la estabilidad. Las personas sólidas y fiables se califican como «la sal de la tierra».

El uso de sal es una buena lección en relación con la importancia de la dosificación. En cantidades adecuadas, es vital para la existencia y es esencial para la salud, igual que el agua y los alimentos. Por el contrario, un exceso de sal puede causar una úlcera y agravar la acidez estomacal. También produce retención de líquidos, con los resultados consiguientes de piel hinchada, edema y tensión más elevada. Esta «retención» física se refleja en los efectos emocionales de la sal, ya que causa codicia y fomenta el deseo de más sabor. Como dice el famoso adagio ayurvédico, se trata de quién toma qué cantidad de qué y cuándo.

La sal se encuentra en los minerales, y el ayurveda cita ocho tipos de sal, incluidas las de roca, marina, negra y rosa. La de roca o mineral se considera la mejor, ya que es muy rica en minerales y, a diferencia de las demás, no provoca tanta retención de agua y no es dañina para la vista.

El sabor salado es el más raro en el repertorio vegetal ayurvédico, y no se halla en muchas hierbas. Se encuentra en el *shilajit*, un extracto mineral natural, lleno de numerosos minerales nutrientes. Las algas marinas y el apio son otros ejemplos de sabor salado.

La sal agrava el *pitta* caliente y el *kapha* húmedo. También perturba la sangre y no se recomienda en caso de enfermedades de la piel o problemas de sangrado. Su uso en marinadas refleja su cualidad ablandadora, y se emplea para ablandar masas, además de como *demulcente* para licuar el *kapha*. Alivia el exceso de *vata* cansado y seco al estimular el apetito, hidratar la sequedad y nutrir el sistema nervioso. Es un laxativo suave a dosis medianas (3 g) y un emético que provoca el vómito en mayores dosis (5-10 g). En exceso, causa úlceras, enfermedades de la piel, canas, calvicie y sed.

Los tés y remedios Pukka más salados son ricos en minerales, como Cleanse, Supreme Matcha Green, además de las mezclas de superhierbas de Vitalise, Clean Greens, Juicy Wheat Grasa, Spirulina y Chlorella.

Picante

Este sabor combina los elementos de fuego y aire. Sus cualidades son caliente, seco, ligero, penetrante y ascendente. El calor acre de los alimentos picantes y especiados se extiende por todo el sistema. Demasiado calor, ya sea climático o dietético, provoca emociones «calientes» que van desde la pasión y la excitación hasta el enfado y la irritación. Es el más volátil de los sabores.

Se encuentra principalmente en los aceites volátiles aromáticos, resinas, oleorresinas y glucósidos de mostaza. Todos estos compuestos se emplean para estimular, vigorizar, secar y aclarar la acumulación de afecciones húmedas, estancadas y congestivas. Los aceites esenciales del jengibre y la pimienta negra suelen usarse para limpiar la congestión mucosa o calentar una afección fría. Las resinas picantes como el gugul o el incienso también vigorizan el flujo sanguíneo, desincrustan toxinas y reducen el colesterol. El aromático cardamomo es un excelente digestivo que reactiva una digestión lenta. A diferencia de otros sabores, no presenta una ubicación específica de receptores, sino que funciona mediante la irritación de tejidos locales y terminaciones nerviosas.

Las hierbas y los alimentos picantes son la panacea para al *kapha* porque secan el exceso de humedad y mucosidad que prevalece en este humor. Las hierbas picantes son vitales en un programa de pérdida de peso porque estimulan el metabolismo y reducen la grasa. Directamente cocinan y queman el *ama* tóxico (residuos no metabolizados), además de eliminarlo mediante el sudor. El calor favorece la dilatación de los poros de la piel, causando la sudoración, eliminando así las toxinas no metabolizadas por la piel. Cuando se usa en grandes proporciones, el sabor picante aumenta el *vata*, pero con moderación puede también ayudar a eliminar la fría rigidez del *vata* a la vez que favorece una digestión sana. El calor de las hierbas picantes irrita el

pitta y no debería emplearse en caso de inflamación, especialmente con la agravación de los tejidos de plasma (*rasa*) y sangre (*rakta*). Su efecto secante de los líquidos corporales puede provocar estreñimiento.

En exceso, crea quemazón, mareo, sed y sequedad excesiva. El jengibre y el ajo cocinado son las excepciones a la norma de que los sabores picantes agravan el *vata*. De hecho, lo benefician al acelerar la digestión y reducir los gases intestinales.

Los tés Pukka más picantes son Three Ginger, Three Cinnamon, Original Chai, Revitalise, Lemongrass and Ginger, Licorice and Cinnamon, Wild Apple and Cinnamon, Three Tulsi, y Three Mint, además de los suplementos After Dinner, Natural Balance y ManPlus.

Amargo

Este sabor de valor terapéutico incalculable nace de la combinación de los elementos de espacio y aire. Sus cualidades dominantes son el frescor, la sequedad y la ligereza. Crea espacio en el cuerpo al escurrir y secar el exceso de líquidos. Un exceso de hierbas amargas pueden dejar a la persona desorientada, perdida en tanto espacio. Muchos psicotrópicos son amargos, como los hongos «mágicos» del género *Psilocybe*. Presenta afinidad particular con la sangre.

Los amargos suelen clasificarse como *alterativos*, ya que alteran el equilibrio químico de la sangre al eliminar toxinas. Su acción desintoxicante se debe en parte a que favorecen el flujo biliar y la actividad hepática. Un exceso de amargor puede debilitar los riñones, causar un exceso de micción y favorecer el miedo y la ansiedad. El sabor amargo presenta un efecto negativo en la fortaleza del *kapha* y el *ojas* (vigor) que residen en el corazón. Así, se trata de realizar un diagnóstico acertado y usar las dosis adecuadas para cada persona.

En la tradición herborista occidental, los amargos se asocian a un efecto tónico, mientras que en el ayurveda se considera que vacían las reservas. La asociación a un efecto tónico viene de la visión que aúna una dosis baja con la capacidad de estimulación de la digestión y la acción hepática. La consideración de que causa merma y ayuda a la limpieza viene de la experiencia de que el uso de dosis relativamente mayores de hierbas amargas resulta refrescante, reductor, depurativo, laxante y diurético. Estudiar y aplicar los conocimientos vegetales es un recordatorio constante para actuar de manera específica. Todo es singular: la forma de aplicar la medicina, el momento de aplicación, a quién se aplica y dónde se administra; todo ejerce su efecto. El ayurveda enseña que cualquier sustancia puede ser alimento, medicina o veneno según la cantidad que se administre, a quién se administre, cuándo y dónde.

La razón de que el sabor amargo se halle en las plantas suele atribuirse a su capacidad de defenderse. Si uno sabe mal, nadie se lo come. Los receptores del sabor amargo están al final de la lengua, y son la última línea de defensa del cuerpo. El sabor amargo se halla en sesquiterpenos, antraquinonas, alcaloides y algunos glucósidos. Las plantas con estas propiedades son conocidas por su actividad antiinflamatoria, antimicrobiana, antipirética y favorecedora de la secreción digestiva. Estos compuestos suelen encontrarse mezclados con plantas de sabores picantes y especiados o astringentes. El humilde diente de león posee una hoja muy amarga y una raíz moderadamente amarga, mientras que el nim, el andrografis y la manzanilla son plantas amargas conocidas por su capacidad de combatir la infección, curar los problemas de la piel y depurar la sangre.

Las hierbas amargas disipan el *kapha* pegajoso y el *pitta* inflamado, mientras que agravan el *vata* seco. El exceso de humedad y calor se reducen porque el sabor amargo seca el sistema. El amargo también favorece los movimientos rítmicos peristálticos (contracción y relajación) del intestino, y la micción. Con frecuencia se indica en casos de afecciones pulmonares, especialmente infecciones que se manifiestan con mucosidad verde y pegajosa. Son excelentes para aliviar el picor, la inflamación y la supuración de la piel.

Se utiliza en cantidades pequeñas como estimulante del apetito, ya que la cualidad de ligereza puede potenciar la digestión y aclarar el paladar. En dosis mayores se usa para eliminar parásitos intestinales y de la sangre. Las hierbas amargas también benefician a las personas con sobrepeso, ya que pueden secar y retirar las adhesiones de acumulaciones grasas.

Cuando se hace un mal uso o se receta incorrectamente, el sabor amargo puede provocar sequedad y desgaste corporal y mental: esto puede perturbar el sistema nervioso y ocasionar estreñimiento, mareo, debilidad, disminución del semen y sequedad general en el organismo. El guduchi es una planta amarga que representa una excepción a lo dicho, ya que, además de otros beneficios, es afrodisíaca.

Los tés Pukka con notas amargas son Supreme Matcha Green, Three Chamomile, After Dinner, Detox, y los suplementos Andrographis, Wholistic Neem, Glow e Illuminate.

Astringente
Es el sabor más seco. Formado con predominancia de los elementos de tierra y aire, es pesado, frío y seco. Al tomar algo astringente, la boca se contrae y las membranas mucosas se juntan. La astringencia mantiene las cosas en su sitio y se emplea para prolapsos, debilidad muscular y pérdida de tono de la piel. No obstante, demasiada puede provocar una sensación de poco gusto por la vida e incluso resentimiento por su falta de sazón.

El sabor astringente se halla en los taninos. Estos polifenoles se concentran especialmente en la corteza, las hojas y la cáscara de frutos, plantas y árboles. Parecen ofrecer cierta protección al reparar heridas y neutralizar bacterias. Son especialmente hidrosolubles –piense en la naturaleza secante de una taza de té fuerte que se ha dejado reposar demasiado tiempo–. La astringencia suele hallarse en combinación con plantas que también saben dulces o ácidas. El té, la chebula y la hoja de frambuesa son notablemente astringentes.

Terapéuticamente, el sabor astringente aclara la mucosidad del *kapha* y la irritación del *pitta*, mientras que su sequedad agrava un *vata* ya seco. Es muy útil cuando existe pérdida de fluidos corporales: sangrado (externo e interno), exceso de sudoración, micción involuntaria, diarrea, catarro, secreciones femeninas y eyaculación precoz. Mantiene los tejidos unidos y las hierbas astringentes suelen usarse para limpiar las heridas y facilitar su curación. Este efecto de unión también evita la acumulación de tejido suelto y flácido. El uso de hierbas astringentes es apropiado para tratar problemas de hundimiento como los prolapsos. Su efecto en el sistema digestivo beneficia los casos de diarrea al astringir el intestino y detener el flujo excesivo hacia abajo. Esto favorece la absorción al retener los fluidos y nutrientes. Los astringentes se utilizan para la inflamación del *pitta* para retraer la inflamación, refrescar el calor y secar el pus que pueda formarse.

Las cualidades de sequedad, robustez y ligereza son afines al *vata*. Como los sabores astringentes contraen los tejidos y obstruyen el flujo del *prana* (conocido como la fuerza vital) y la energía nerviosa del sistema, es perjudicial para el *vata*. En exceso, puede causar enfermedades *vata* como rigidez, dolor cardíaco, convulsiones y retención de gases, orina y heces.

Los tés y remedios Pukka más astringentes son Elegant English Breakfast, Gorgeous Earl Grey, Original Chai, Supreme Matcha Green, Rooibos and Honeybush, Three Cinnamon, además de los suplementos Wholistic Triphala, Triphala Plus y Natural Balance.

Sabores y cualidades

Sabor	Elemento	Cualidad	Efecto en el dosha
Dulce	Tierra, Agua	Pesado, Húmedo, Frío	K+ P– V–
Ácido	Tierra, Fuego	Pesado, Húmedo, Caliente	K+ P+ V–
Salado	Agua, Fuego	Pesado, Húmedo, Caliente	K+ P+ V+
Picante	Fuego, Aire	Ligero, Seco, Caliente	K– P+ V+
Amargo	Espacio, Aire	Ligero, Seco, Frío	K– P– V+
Astringente	Aire, Tierra	Ligero, Seco, Frío	K– P– V+

Acerca del ayurveda

Pukkapedia

Aloe vera (*Aloe barbadensis*) El gel del interior de las hojas del aloe vera es refrescante y calmante y posee potentes propiedades antiinflamatorias. Presenta afinidad con la sangre y la piel, reduce el enrojecimiento y el calor. Influye en el sistema digestivo y el sistema reproductivo femenino, donde refresca membranas mucosas inflamadas (alrededor de los órganos) y regula el flujo sanguíneo.

Abrojo (*Tribulus terrestris*)
Diurético que también calma las membranas del tracto urinario. Es una hierba específica para el tratamiento de afecciones de la próstata y favorece la eliminación de obstrucciones en los riñones y el sistema urinario. Además, fortalece y tonifica el sistema reproductivo.

Aceite de semilla de cáñamo (*Cannabis sativa*)
Dulce, refrescante, pesada y untuosa, equilibra los tres *doshas*. La semilla de esta controvertida planta es un magnífico *demulcente* laxativo. También presenta un equilibrio perfecto de ácidos grasos omega 3, 6 y 9, y es rica en ácido gamma-linolénico y ácido estearidónico, por lo que resulta antiinflamatorio, restaurativo del sistema nervioso y tónico cardíaco.

Agripalma (*Leonurus cardiaca*)
Un tónico cardíaco que calma el nerviosismo relacionado con el cambio hormonal femenino, particularmente eficaz para tratar palpitaciones. La agripalma contiene bíteres aromáticos y acres que calman el sistema nervioso y relajan el sistema reproductivo de la mujer.

Albahaca sagrada (*Ocimum tenuiflorum*)
Ligera, ascendente y útil para despertar, crea un espacio sagrado para uno mismo, lo cual la indica para disipar las nubes grises de una leve depresión. También es buena para ahuyentar el resfriado y suele emplearse solo como remedio popular a los primeros síntomas de catarro. Se ha vuelto muy notoria como *adaptógeno* potente para adaptarse al estrés y proteger el sistema inmune.

Algas marinas
Presentan una amplia gama de macronutrientes esenciales (como proteínas e hidratos de carbono) y micronutrientes (como yodo o calcio), y se hallan entre las formas vegetales más nutritivas del planeta; además, facilitan y mejoran la absorción de otros nutrientes en el organismo.

Almendra (*Prunus dulcis*)
De sabor dulce, caliente, pesado y aceitoso, este fruto seco es estructurante, fortificante y un tónico afrodisíaco que favorece la fertilidad. Las almendras son el fruto seco más elevado; además, son beneficiosas para los pulmones, la piel y el tracto digestivo. Remójelas toda la noche para retirar la piel, que irrita el *pitta*, y conviértalas en un superalimento rico en enzimas.

Angélica china (*Angelica sinensis*)
Potente tónico rico en nutrientes que ayuda a restaurar y producir sangre. Es bastante aromática, y su naturaleza caliente acelera el flujo sanguíneo, aportando color a las mejillas. No la use durante el embarazo sin el consejo de un especialista.

Semilla de pimienta negra (*Piper nigrum*)
Favorece la absorción de nutrientes y la actividad de las enzimas digestivas. Estimula los capilares, potenciando así la desintoxicación y el transporte de nutrientes.

Anís estrellado (*Illicium verum*)
Aromático, digestivo y calmante de la tensión interna, el anís estrellado posee un maravilloso sabor que recuerda al hinojo.

Arándano rojo (*Vaccinium oxycoccus*)
Antiséptico urinario que evita la adhesión de bacterias a la vejiga, protegiéndola así de infecciones recurrentes. Además, descompone el carbonato cálcico y los cálculos del sistema urinario y los riñones.

Azafrán (*Crocus sativus*)
Es la especia más cara del mundo, pero potencialmente la más beneficiosa. Su color indica sus propiedades para la sangre. Posee una larga tradición para tratar problemas cardíacos, aliviar los dolores menstruales y levantar el ánimo. Su nivel alto en carotenoides hidrosolubles le confiere una enorme capacidad antioxidante. El azafrán çes dulce, astringente, amargo, caliente, seco y ligero: reduce los tres *doshas*.

Baya de goji (*Lycium chinensis*)
Esta delicia roja es un poderoso rejuvenecedor para la vista, la piel y los riñones. Es un tónico sanguíneo reconocido que ayuda a nutrir a los órganos y recuperar fluidos donde hay sequedad (en todos los tejidos del organismo) y debilidad general.

Bibhitaki (*Terminalia bellirica*)
Es astringente y *expectorante*, lo cual fortalece las membranas mucosas del organismo. Alivia la congestión pulmonar y del tracto digestivo.

Bola de nieve (*Viburnum opulus*)
Potente antiespasmódico que ayuda a aliviar el dolor menstrual y detiene los espasmos musculares involuntarios. Presenta una afinidad particular con el útero y es útil para la tos espasmódica, las cefaleas y los espasmos y dolores musculares en general.

Buchú (*Agathosma betulina*)
Una hierba sudafricana con gran poder antimicrobiano en el tracto urinario. Es diurética y puede ayudar a aliviar infecciones.

Cardamomo (*Elettaria cardamomum*)
Muy aromático, es un eficaz *carminativo* para el sistema digestivo que alivia los síntomas de indigestión. Estimula los procesos metabólicos y digestivos mientras funciona como descongestionante, eliminando mucosidad del tracto digestivo y respiratorio.

Cáscara de zaragatona (*Plantago ovata*)
Demulcente laxativo que calma los trastornos digestivos y el estreñimiento.

Centella asiática (*Centella asiatica*)
Estimula el flujo de sangre en los capilares y reduce la congestión venosa, además de fortalecer las paredes de los vasos sanguíneos, por lo que resulta un excelente remedio para las heridas cutáneas. Contiene compuestos activos

Seda de maíz (*Zea mays*) Fortalece el tono muscular de la uretra. Es un *demulcente* que favorece la curación y el alivio de la membrana mucosa protectora que reviste el tracto urinario. Es dulce, calmante y suave.

de saponinas triterpénicas conocidos como asiaticósidos que se consideran importantes para la circulación sanguínea cerebral y la curación de traumas.

Chebula (*Terminalia chebula*)
Contiene senósidos, eficaces agentes laxantes. También contiene taninos, que son astringentes y eficaces contra la diarrea. Indicada para tratar infecciones parasíticas intestinales y para fomentar una reacción saludable a la inflamación. También reduce los depósitos lipídicos en la sangre, favoreciendo así la disminución del nivel de colesterol.

Clorela (*Chlorella pyrenoidosa*)
Depurativo supremo, limpia de forma natural todo el organismo. Es capaz de limpiar los metales pesados, además de ayudar a alcalinizar. Contiene el llamado factor de crecimiento de la clorela, componente destacable que favorece el crecimiento y la renovación celulares normales.

Cola de caballo (*Equesetum arvense*)
Una de nuestras plantas más antiguas, es un acumulador de minerales repleto de sílice, valioso para fortalecer la piel, el cabello y las uñas. También es útil para el sistema urinario.

Corteza de canela (*Cinnamomum aromaticum*)
Protege y fortalece los intestinos, equilibra el nivel de azúcar en sangre y presenta un compuesto antifúngico que actúa sobre las infecciones por levaduras y hongos, además de equilibrar la flora intestinal. Su naturaleza cálida y especiada estimula suavemente la circulación.

Escaramujo (*Rosa canina*)
Es una fantástica fuente de bioflavonoides y vitamina C, que ayudan a activar el sistema inmune. También favorece una respuesta sana a la inflamación.

Espirulina (*Arthrospira platensis*)
Cianobacteria microscópica que representa una fuente concentrada de proteínas, hierro y vitaminas B. Fomenta la resistencia y la energía. Es particularmente eficaz donde se han producido daños celulares debido a afecciones crónicas de largo plazo.

Flor de crisantemo (*Chrysanthemum morifolium*)
Brillante, ligera y genial para la vista, el ligero amargor del crisantemo ayuda a disipar el calor de la cabeza. Es útil para cefaleas leves y ojos inflamados.

Flor de hipérico (*Hypericum perforatum*)
Erróneamente considerada una hierba que solo está indicada en caso de depresión. Ayuda a disipar sentimientos estancados para que uno pueda sentirse presente en lugar de sentir el dolor del pasado o la preocupación por el futuro. Presenta una acción destacable en la curación

Baya y flor de saúco (*Sambucus nigra*) Un potente antivírico y antibacteriano que trata con eficacia resfriados y gripes. Desactiva el virus y fortalece las membranas celulares para que resistamos mejor la proliferación vírica. La baya de saúco presenta una afinidad particular para tratar las afecciones respiratorias, elimina la congestión y la mucosidad del tracto respiratorio. La flor es más difusora, contribuye a la sudoración cuando hay fiebre o reduce los síntomas cuando hay alergia.

de heridas y ayuda a superar el trauma, especialmente el dolor en los nervios. Los extractos muy concentrados pueden interferir con el metabolismo de ciertos fármacos, así que busque el consejo de un especialista antes de utilizarla junto a su medicación.

Flor de lavanda (*Lavandula angustifolia* spp.)
Esta flor mueve emociones encalladas al ayudarnos a sentirnos presentes. Como crea una sensación de seguridad y confianza, nos permite desprendernos de las preocupaciones y disfrutar del momento. Ayuda a aliviar el insomnio, la ansiedad y la tristeza invernal.

Flor de manzanilla (*Matricaria recutita*)
El dulzor de estas exquisitas y útiles florecillas amarillas ayuda a relajar el sistema nervioso. Suele utilizarse como infusión aromática para inducir un buen descanso, calmar piernas inquietas y detener espasmos. Además, posee un sabor algo amargo que la convierte en un fantástico digestivo que elimina la hinchazón, los dolores y la inflamación en el sistema digestivo. La manzanilla no debe confundirse con la manzanilla romana (*Anthemis nobilis*), mucho más amarga.

Flor de paja de avena (*Avena sativa*)
Utilizada desde antaño para recuperar la energía en casos de agotamiento nervioso, es dulce, nutritiva y reconstituyente cuando se sufre depresión, nervios hechos trizas o cefaleas.

Flor de tilo (*Tilia argentea*)
Suave, dulce y delicada, es un maravilloso relajante para todo el sistema nervioso, y ayuda a reducir la ansiedad, inducir un sueño reparador y bajar la presión arterial.

Granada (*Punica granatum*)
La granada tiene poderosas propiedades antioxidantes. También tonifica y fortalece el sistema cardiovascular y reduce la acumulación de colesterol.

Hierbaluisa (*Aloysia citrodora*)
Esta delicada hoja posee ligeras propiedades ansiolíticas (contra la ansiedad) que nos ayudan a mantener la calma y centrarnos. Sus efectos naturales de abertura nos ayudan a respirar profundamente y pensar con claridad.

Hoja de hierba de limón (*Cymbopogon citratus*)
Esta planta resistente y fragante desprende aromas cítricos. Es muy buena para abrir el pecho, eliminar la mucosidad y disipar la sensación de confusión mental. También es un *galactogogo* potente que favorece el flujo de la leche materna.

Hoja de damiana (*Turnera diffusa*)
Como *nervina* relajante, puede ayudar con el «pánico escénico» provocado por la inminente intimidad. Es un suave

Raíz de *ginseng* (*Panax ginseng*) El *ginseng* rojo es primordialmente un *adaptógeno* que nutre las glándulas renales y actúa en el eje HPA (hipotalámico-pituitario-adrenal). Los *adaptógenos* mejoran la capacidad del organismo para gestionar el estrés alterando la liberación de hormonas del estrés. La raíz de *ginseng* potencia la fuerza y recuperación muscular al aumentar la capacidad de la musculatura esquelética para oxidar los ácidos grasos libres a fin de producir energía celular.

antidepresivo que levanta el ánimo y nos hace sentir más como nosotros mismos.

Hoja de frambuesa (*Rubus idaeus*)
La hierba favorita de las comadronas, es astringente y tonifica la musculatura. Es la más comúnmente empleada específicamente para canalizar la fuerza del útero en la preparación para el parto. También se usa para detener la diarrea y tonificar las membranas mucosas.

Hoja de gayuba (*Arctostaphylos uva-ursi*)
Famoso antiséptico urinario, específico para la cistitis o las infecciones urinarias. Presenta un olor característico picante y dulce.

Hoja de hierba de tago (*Eclipta alba*)
Esta hoja es restauradora de tejidos, especialmente del cuero cabelludo y los folículos pilosos, y favorece el crecimiento del cabello. Mejora el riego sanguíneo hacia el cerebro y alivia la congestión de los senos. Combate la

ansiedad y tensión mental que puede relacionarse con el insomnio crónico, favorece la producción de bilis y mejora los procesos metabólicos hepáticos.

Hoja de nim (*Azadirachta indica*)
Potente depurativo sanguíneo y antiinflamatorio. Es antibacteriano y antifúngico debido a su componente azadiractina. Es eficaz en caso de afecciones inflamatorias dérmicas y del tracto digestivo. No la use durante el embarazo sin el consejo de un especialista.

Hoja de ortiga (*Urtica dioica*)
Planta nutritiva rica en vitaminas, minerales y proteínas. Es excelente para purgar el organismo de residuos proteínicos excesivos, incluidos los que se acumulan en caso de afecciones inflamatorias como la artritis.

Hoja de romero (*Rosmarinus officinalis*)
Es un estimulante del sistema circulatorio y nervioso, y presenta

un efecto singular en la circulación cerebral que ayuda a mejorar los procesos cognitivos como la memoria y la concentración. Además, tonifica y calma la digestión, particularmente cuando los procesos digestivos se ven afectados por la ansiedad.

Hoja de salvia (*Salvia officinalis*)
Es una de las hierbas preferidas para mantener la mente aguda. También detiene el goteo de fluidos, por eso suele emplearse para regular la sudoración.

Hoja de sen de Alejandría (*Senna alexandrina*)
Potente laxativo que contiene antraquinonas, que ayudan a vaciar el intestino y disipar el calor intestinal. Debe utilizarse con precaución y no más de un par de semanas seguidas.

Hoja de té verde (*Camellia sinensis*)
Famosa por sus propiedades antioxidantes, elevados niveles

Lúpulo (*Humulus lupulus*) Un sedativo amargo y refrescante que sentimos cómo penetra en el sistema nervioso. Ayuda a dormir y reduce la ansiedad. Posee leves propiedades de regulación del estrógeno, lo cual lo indica para aliviar los síntomas de la menopausia.

de polifenoles y catequinas de té verde como el conocido galato de epigalocatequina. Estos compuestos le otorgan la capacidad de combatir los radicales libres y mejorar la salud celular. El matcha, oolong, té de jazmín y té negro proceden de la misma planta, *Camellia sinensis*.

Hoja de tomillo (*Thymus vulgaris*)
Rica en timol, un aceite volátil de efecto *carminativo* del sistema digestivo. Este aceite es además marcadamente antiséptico y resulta eficaz para el tratamiento de infecciones tanto interna como externamente. No obstante, es más conocida por fortalecer los pulmones, ayudar a eliminar la mucosidad y reducir la sibilancia respiratoria.

Limón (*Citrus × limon*)
El limón fresco es rico en bioflavonoides y vitamina C, que protegen los capilares y fortalecen el sistema inmune; también son eficaces para eliminar toxinas de la sangre y aliviar la congestión. La acidez de los limones estimula los procesos digestivos y la producción de bilis.

Majuela (*Crataegus monogyna*)
Principalmente, es un tónico para el corazón, mejora el riego sanguíneo de este órgano y aumenta la eficiencia del músculo cardíaco, especialmente cuando existen daños o degeneración. También ayuda a regular la presión arterial.

Mantequilla clarificada
Contiene un equilibrio de ácidos grasos de cadena corta y fácil digestión esenciales para una piel, unos nervios y unas células sanos. Específicamente, lubrica los tejidos, elimina toxinas y es un rejuvenecedor general. Es ideal para cocinar de forma saludable debido a su elevado punto de humo, lo cual significa que no produce radicales libres dañinos y, al tomarla como parte de una dieta vegetariana, puede ayudar a elevar el colesterol HDL bueno y reducir el LDL malo. Refrescante y dulce, aceitosa y pesada, la mantequilla clarificada enciende el fuego digestivo (*agni*) y equilibra los tres *doshas*, pero no debería emplearse en caso de afecciones *kapha* con pérdidas blancas y claras o cuando existe congestión.

Miel de manuka
Conocida por sus cualidades antivíricas y antibacterianas. Su naturaleza untuosa suaviza la garganta y los pulmones, favoreciendo su curación y reparación.

Milenrama (*Achillea millefolium*)
Llena de contradicciones, incrementa la circulación pero también detiene el sangrado y goteo. Activa una menstruación aletargada o ralentiza la que fluye con demasiada rapidez. Ayuda a inducir la sudoración cuando hay fiebre y detiene la diarrea cuando hay molestias estomacales.

Mirobálano (*Phyllanthus emblica*)
Restaurativo del sistema inmune,

Toronjil (*Melissa officinalis*) Rápidamente aporta sensación de paz a un ceño fruncido. Mueve el *prana* del pecho para eliminar los sentimientos de estancamiento, especialmente en personas que suspiran mucho. Beneficia la digestión y los dolores menstruales, y calma el corazón al regular las palpitaciones.

refuerza y nutre al organismo tras infecciones prolongadas. Además, posee afinidad con la sangre, ayuda a limpiar el sistema de toxinas calientes (causantes de granos, irritaciones cutáneas) que circulen por ella y contiene propiedades antioxidantes.

Mirtilo (*Vaccinium myrtillus*)
Está repleto de antioxidantes, que ayudan a eliminar los radicales libres. Es muy eficaz para la salud ocular, mejora el riego sanguíneo ocular y fortalece las paredes de los capilares.

Nébeda (*Nepeta cataria*)
Diaforético calmante utilizado para reducir la fiebre y facilitar la digestión. Suele hallarse en las infusiones para favorecer la inmunidad infantil porque es suave y eficaz.

Nuez moscada (*Myristica fragrans*)
Conocida como sedativo temporal, ayuda a dormir cuando uno tiende a despertarse por la noche. Su acción

carminativa e hipotensiva (reduce la presión sanguínea) lo hacen útil en fórmulas para favorecer el sueño. Es caliente y astringente, lo que ayuda a mantener la energía central.

Olmo rojo (*Ulmus rubra*)
La corteza interna está llena de mucílago que calma las membranas mucosas inflamadas e irritadas y favorece el nuevo crecimiento celular en los tejidos dañados. También es antiinflamatorio y antimicrobiano, y ayuda a eliminar toxinas gracias a su acción laxante.

Pasionaria (*Passiflora incarnata*)
Esta reptadora trepa por nuestro sistema nervioso aportando paz, calma y claridad. Es uno de los remedios preferidos para el insomnio causado por preocupaciones y estrés mental. También es útil como antiespasmódico.

Pétalo de caléndula (*Calendula officinalis*)
Esta flor dorada es uno de los

mejores remedios naturales para curar heridas y traumas causados interna y externamente. Es un *emenagogo* suave (estimula el flujo de sangre en la zona pélvica), lo cual ayuda a facilitar el flujo menstrual y prevenir dolores. Sus propiedades para curar heridas son útiles para sanar úlceras gástricas, además de inflamaciones pulmonares.

Polen floral
El polen floral es un reconocido nutriente que aporta energía y es rico en proteínas y aminoácidos esenciales. Estos maravillosos granitos dorados poseen todos los nutrientes conocidos necesarios para la supervivencia humana. Las abejas recogen el polen de los estambres de las flores y este se recolecta de las colmenas en forma de bolitas. Contiene aproximadamente un 35 por ciento de proteína vegetal, unas 18 vitaminas, 25 minerales, 60 oligoelementos y todos los aminoácidos. También está lleno de enzimas, coenzimas y hormonas de

Hojas de menta (*Mentha* spp.) Esta aromática hoja es famosa por aliviar los espasmos y las molestias digestivas. Es un buen ejemplo de que al ayudar al estómago se ayuda a la mente, ya que ambas zonas del organismo son responsables de experiencias digestivas. Una taza de infusión a la menta inmediatamente fortalece la digestión y aclara la mente, y proporciona una sensación de revitalización y frescor. Por lo general es dulce, refrescante y ligera, de modo que además equilibra los tres *doshas*.

crecimiento, ácidos grasos esenciales y carbohidratos de liberación lenta. Es extremadamente rico en vitaminas B (incluida la B_{12}), C, D y E, y en lecitina, cisteína y carotenos amarillos dorados, precursores metabólicos de la vitamina A.

Raíz de achicoria (*Cichorium intybus*)
Sus compuestos amargos son beneficiosos para el hígado: la achicoria asada es aún más eficaz y posee un rico sabor a fruto seco.

Raíz de bardana (*Arctium lappa*)
Es un *alterativo* amargo y purificador. Reduce la inflamación y mejora la circulación de fluidos en el organismo, nutriendo y limpiando los tejidos. Además, la raíz de bardana contiene compuestos antimicrobianos (poliacetilenos), particularmente eficaces para combatir infecciones cutáneas. Mejora la secreción de aceite de la piel, lo que limpia y purifica las glándulas sebáceas.

Raíz de cúrcuma (*Curcuma longa*)
Superespecia por excelencia. Rica en flavonoides y con más de 6.000 estudios clínicos que avalan su capacidad de proteger y nutrir el organismo. Se sabe que combate el envejecimiento, mejora la circulación, reduce la inflamación, cura heridas y protege el hígado y los intestinos. Esta raíz de color naranja dorado está llena de curcumina, un potente flavonoide, y otros pigmentos que actúan como protectores celulares y rejuvenecedores sistémicos. En el ayurveda se emplea desde hace más de 2.000 años para nutrir las articulaciones, la digestión, el hígado, el corazón, el cerebro y la piel. Es picante, amarga y astringente, y ligeramente caliente y seca. Se ha ganado la reputación de ser uno de los remedios más potentes de la naturaleza para muchas de las afecciones de la salud de la actualidad.

Raíz de galanga (*Alpinia galanga*)
Este miembro de la familia del jengibre es rico en aceites volátiles que le aportan un sabor especial a limón y jengibre, especiado y picante. Tradicionalmente se emplea para problemas de garganta y del sistema inmune y digestivo. Además, es un analgésico eficaz contra el dolor de espalda y de cabeza.

Raíz de hierba mora mayor (*Withania somnifera*)
Hierba profundamente nutritiva equilibradora del *vata* que reconstituye suavemente. Es útil para propiciar un sueño profundo y calmar el *vata* nervioso. Su capacidad de restaurar la sangre, potenciar los nutrientes y fortalecer los huesos la hacen indispensable en los trastornos degenerativos y el envejecimiento. Su afinidad con los sistemas renal, endocrino y nervioso indica su uso en caso de desequilibrios que afecten la energía o vitalidad. Es la hierba perfecta para el siglo XXI, ya que calma y aporta energía, mientras nos ayuda a

adaptarnos a las tensiones del día a día. No la use durante el embarazo sin el consejo de un especialista.

Raíz de hierba shatavari (*Asparagus racemosus*)

Fabuloso tónico para el sistema reproductivo de la mujer, que contiene precursores naturales de las hormonas femeninas, que la convierten en un buen regulador de la menstruación y la menopausia. Sus efectos tonificantes y nutritivos en el útero mejoran los líquidos reproductivos, lo que favorece la concepción y a la vez fortalece la musculatura uterina. Es hidratante y antiinflamatoria.

Raíz de jengibre (*Zingiber officinale*)

Cálido y especiado con propiedades termogénicas que activan el metabolismo. Es antiinflamatorio y antioxidante, bueno para la salud. Contiene constituyentes como gingeroles y shogaoles, protectores vegetales naturales que se ha demostrado que estimulan la circulación y reducen la adhesividad de las plaquetas para dar a la sangre un perfil más sano. Los shogaoles poseen propiedades antieméticas, por lo que el jengibre es conocido para tratar las náuseas.

Raíz de maca (*Lepidium meyenii*)

Mejora la agudeza mental, la resistencia física, la vitalidad y el aguante. Se conoce como tónico afrodisíaco y se emplea para aumentar la libido, además de mejorar la salud de esperma y óvulos.

Raíz de regaliz (*Glycyrrhiza glabra*)

Hierba dulce y calmante. Es principalmente *expectorante* y *demulcente*, elimina la congestión y la mucosidad del organismo, pero también es hidratante y protectora de las membranas mucosas dañadas e irritadas. Es un potente antiinflamatorio, además de un tónico profundamente nutritivo.

Raíz de valeriana (*Valeriana officinalis*)

Principalmente es una planta sedante que ayuda al sistema nervioso a librarse de la ansiedad y el insomnio crónico. También alivia la tensión muscular y es un antiespasmódico eficaz.

Raíz y hoja de diente de león (*Taraxacum officinale*)

Magnífico diurético que limpia el organismo sin mermarlo. Se considera uno de los mejores remedios para el hígado y la sangre porque reduce la toxicidad y el estancamiento. Posee una fuerza especial para eliminar el calor y la inflamación persistentes. La hoja se conoce por beneficiar el sistema urinario, mientras que la raíz presenta más afinidad con el hígado y la piel.

Raíz y hoja de equinácea (*Echinacea purpurea*)

Tradicionalmente empleada como antídoto contra picaduras de serpientes venenosas, es un potente estimulante del sistema inmune. Colabora con el organismo en la defensa contra infecciones bacterianas y víricas, limpia el sistema linfático y es un poderoso antiinflamatorio. Contiene alcamidas, responsables de la típica sensación en la lengua que produce la equinácea.

Remolacha (*Beta vulgaris*)

Repleta de hierro, calcio y vitaminas A y C, es muy nutritiva; además, contiene un pigmento llamado betanina, que es un poderoso depurador del hígado y formador de sangre.

Resina de *boswellia*

Analgésico natural específico para la inflamación e hinchazón. Contiene ácido boswélico, un componente activo que reduce el dolor y la inflamación, estimula la circulación y elimina el estancamiento y la congestión en forma de colesterol. No la use durante el embarazo sin el consejo de un especialista.

Romaza (*Rumex crispus*)

Tónico agridulce para el hígado que actúa como *alterativo* para curar y purificar los órganos que eliminan los residuos del organismo: hígado, intestino y riñones. Es un suave laxativo que ayuda a estimular el intestino al empujar al hígado a secretar bilis. Se emplea para limpiar la sangre y cuando la sangre se ve debilitada por un hígado aletargado.

Rosa (*Rosa damascena*)

Planta favorita para abrir el corazón, es levemente astringente, ayuda a mantener la consciencia en el centro de nuestro ser (el corazón). Utilícela para levantar el ánimo en caso de leve depresión y para abrir el corazón a la posibilidad del amor. La rosa también es útil para tonificar los tejidos y órganos y detener el sangrado, especialmente cuando se relaciona con malestar emocional.

Schizandra (*Schisandra chinensis*)

También conocida como la hierba de los cinco sabores o *wu wei zi* en chino. Es protectora del hígado y regula los mecanismos depurativos de este órgano.

Semilla de anís (*Pimpinella anisum*)
Carminativo para el sistema digestivo y eficaz antiespasmódico para el dolor de cólicos, la hinchazón y la indigestión.

Semilla de apio (*Apium graveolens*)
Diurético estimulante y refrescante que penetra y descompone los depósitos de ácido úrico acumulado y luego los elimina del organismo con la mejora del flujo de sangre renal. La capacidad del apio para mejorar el flujo sanguíneo también significa que limpia las articulaciones y los cartílagos al aumentar el nivel de fluido que se mueve en su interior.

Semilla de cacao (*Theobroma cacao*)
Rica en teobromina, que relaja el sistema nervioso. Muy rica también en flavonoides, potentes antioxidantes que protegen contra los radicales libres.

Semilla de cilantro (*Coriandrum sativum*)
Enciende el fuego digestivo, mejorando la eficacia de los procesos metabólico y digestivo. También posee propiedades antibacterianas y antiespasmódicas.

Semilla de comino (*Cuminum cyminum*)
El comino es *carminativo* para el sistema digestivo, mejora los procesos metabólicos y la capacidad de absorber nutrientes eficazmente. También posee cualidades antiespasmódicas potentes: útil cuando existen cólicos o indigestión.

Semilla de hinojo (*Foenicumulum vulgare*)
Contiene anetol, que posee fuertes propiedades antiinflamatorias. Es un fantástico *carminativo* para el sistema digestivo y un poderoso agente antimicrobiano y antifúngico.

Semilla de lino (*Linum usitatissimum*)
Es un *demulcente* para el sistema digestivo y ayuda a calmar la inflamación y lubricar los intestinos. Produce prostaglandinas, que favorecen una reacción saludable a la inflamación.

Tragacanto (*Astragalus membranaceus*)
Uno de los grandes tónicos de la medicina tradicional china. Eleva el *qi*, restaurando la fuerza vital. Indicado para aumentar el número de glóbulos blancos a fin de ayudar al sistema inmune a combatir infecciones. Las personas de naturaleza delicada pueden utilizarla para robustecerse.

Trébol rojo (*Trifolium pratense*)
Planta importante como fitoestrogénica que contiene isoflavonas, utilizadas para el tratamiento de los síntomas de la menopausia. Su efecto regulador de los estrógenos refuerza la salud de la mujer al mejorar la densidad ósea y la salud cardiovascular. Además, reduce el riesgo de que un nivel excesivo de estrógenos influya en un crecimiento celular irregular.

Triphala
Se trata de un antiguo remedio ayurvédico que combina las frutas mirobálano, *bibhitaki* y chebula. Se venera como descongestionante para el sistema digestivo y purificador sanguíneo que alarga la calidad y cantidad de vida.

Vaina de vainilla (*Vanilla planifolia*)
Rica, dulce y aromática, es un afrodisíaco calmante.

Zumo de hierba de trigo (*Triticum aestivum*)
Rebosante de clorofila, que posee la capacidad específica de reparar los glóbulos rojos. Contiene diversas enzimas bioactivas que actúan como catalizadores de una amplia gama de funciones metabólicas y refuerzan la producción de energía e inmunidad. También contiene un potente antioxidante llamado superóxido dismutasa que protege contra los radicales libres.

¿De dónde proceden las hierbas?

Cuando gran parte del mundo depende de las hierbas como fuente principal de refuerzo para la salud, es fácil imaginar las enormes cantidades que se cosechan. Millones de toneladas al año. Alrededor del 80 por ciento de todas las especies vegetales se encuentran en estado silvestre, y alrededor del 30 por ciento del volumen de hierbas que cosechamos proceden del estado silvestre (el 70 por ciento restante se cultiva). Resulta preocupante que alrededor de 10.000 de las 50.000 hierbas medicinales que utilizamos se consideren amenazadas en su hábitat natural debido a una recolección excesiva y una pérdida de hábitat. Al despertar de nuevo al poder de las plantas, la necesidad de una mayor concienciación sobre la procedencia de las hierbas debería ser prioritaria. De hecho, depende de nosotros hacer algo al respecto.

La extracción insostenible la suele alimentar la demanda: a menudo en manos de empresas o consumidores que no son conscientes de que están adquiriendo o utilizando especies amenazadas. Esto significa que todos podemos desempeñar un papel importante en la conservación de las plantas, simplemente eligiendo productos de procedencia sostenible en las tiendas. Por ejemplo, gran parte del regaliz crece de forma silvestre y se halla sujeto al exceso de extracción: ¿desea usted comprar cualquier regaliz o desea saber exactamente de dónde procede y si se ha cosechado de manera sostenible? ¿Desea menta cubierta de pesticidas o menta ecológica cultivada de forma natural? Es triste, pero por desgracia muchas especies se han sobreexplotado durante demasiado tiempo.

Volviendo al ejemplo del regaliz (*Glycyrrhiza glabra* y *uralensis*), se trata de una planta que crece en todo el mundo –incluso crecía en el Reino Unido–. Históricamente una gran porción de la producción mundial procedía de China y Turquía. El aumento de su popularidad y la falta de control sobre la recolección han propiciado que China y Turquía ahora sufran escasez de regaliz silvestre. Del mismo modo, la equinácea, el sello de oro y el *ginseng* americano están en peligro en estado salvaje en América debido a la sobreexplotación provocada por la demanda.

Si las hierbas adquiridas proceden de fuentes sostenibles llevan los logos que certifican que han pasado las pertinentes pruebas. En el Reino Unido, la Soil Association es única entre las agencias de certificación ecológica porque requiere la verificación de que todas las hierbas cosechadas en estado silvestre procedan de una fuente sostenible. Otro logo es el de la certificación FairWild, que asegura un seguimiento apropiado, evaluaciones de las fuentes y gestión de las plantas y las personas implicadas en la recolección. Estos son los estándares de oro de la conservación vegetal y el cultivo sostenible de hierbas en la actualidad.

En España el órgano competente es la CRAE (Comisión Reguladora de Agricultura Ecológica), pero el control del mercado recae en las comunidades autónomas, que disponen de un Consejo o Comité Regulador, dependiente a su vez de la Consejería o Departamento de Agricultura. Entre sus 17 sellos ecológicos están el del CCPAE (Consejo Catalán de Agricultura Ecológica) o el CAAE (Comité Andaluz de la Agricultura Ecológica). En los productos envasados figurarán siempre el logotipo europeo y el código de la entidad de control. Pero ¿qué ocurre con las plantas que se cultivan? ¿Son todas «buenas» porque son «naturales»?

Cultivo de hierbas ecológicas

Soy un férreo defensor de los principios y beneficios del cultivo ecológico. Ecológico significa mucho más que ausencia de sustancias químicas: se trata de un método de cultivo que garantiza que aportamos tanto como extraemos, un sistema que crea ciclos beneficiosos en cada etapa del proceso, una manera de transitar con cautela por el planeta. También es el sistema más justo de agricultura porque beneficia a la tierra, el agua, las plantas, los animales y los humanos por igual. Es un sistema de cultivo que significa que nos hacemos responsables de nuestro impacto en el planeta. Probablemente le sorprenderá escuchar que la mayoría de plantas disponibles en la actualidad se ha cultivado con pesticidas, herbicidas y abonos sintéticos. Se trata de una práctica completamente innecesaria y un desperdicio que no solo daña el medioambiente, sino que además reduce la potencia de las plantas. Se ha demostrado en múltiples estudios que los cultivos ecológicos generan mayores niveles de compuestos antioxidantes fitoquímicos protectores que los cultivos convencionales. Como las plantas de un sistema ecológico están expuestas a los «elementos», deben defenderse por sí mismas, y esto hace que desarrollen defensas más poderosas. Por tanto, lo ecológico es mejor para el planeta, mejor para las plantas y mejor para usted. Es una manera de cuidar de todo en conjunto. Estos principios que buscan la sostenibilidad de la vida se encuentran en el corazón del ayurveda, el sistema de cuidado de la salud tradicional indio. También son los principios que inspiran el propósito de Pukka, que consiste en ayudar a las personas a conectar con el poder de las plantas.

Proveedores, profesionales y organizaciones

Si le interesa explorar la manera en que las hierbas pueden ayudarle a sanar, recomiendo que realice un tratamiento con un profesional cualificado. Indague también en estas fuentes del Reino Unido, España y Estados Unidos:

Neal's Yard Remedies
www.nealsyardremedies.com
(Realizan envíos internacionales.)

Organic Herb Trading Company
www.organicherbtrading.com
(Realizan envíos internacionales. Se exigen cantidades mínimas de producto.)

Pukka Herbs
www.pukkaherbs.com
(Realizan envíos internacionales. Especialistas en hierbas ayurvédicas; cantidades a partir de 500 g.)

Association of Master Herbalists
www.associationofmasterherbalists.co.uk

Ayurvedic Practitioners Association
www.apa.uk.com

National Institute of Medical Herbalists
www.nimh.org.uk

Register of Chinese Herbal Medicine
www.rchm.co.uk

Unified Register of Herbal Practitioners
www.urhp.org

Asociación Nacional de Profesionales y Autónomos de las Terapias Naturales
www.cofenat.es

Profesionales de la Naturología y la Herbodietética
www.pronadher.org

Herbalist and Alchemist
www.herbalist-alchemist.com
(Realizan envíos internacionales.)

Mountain Rose
www.mountainroseherbs.com

American Herbalists Guild
www.americanherbalistsguild.com

National Ayurvedic Medical Association
www.ayurveda-nama-org

Baldwins
www.baldwins.co.uk
(Realizan envíos internacionales.)

Indigo Herbals
www.indigo-herbs.co.uk
(Realizan envíos internacionales.)

Índice alfabético

Agradecimientos

Un cuento tradicional ayurveda explica que cada una de las plantas del mundo posee beneficios curativos especiales: solo hay que aprender sobre su carácter. No puedo estar en desacuerdo con esto, puesto que en verdad he encontrado el milagro de la sabiduría de las plantas. Que estamos conectados con la naturaleza de tantas formas y a un nivel tan profundo es una prueba de la unidad de la vida. Con ello en mente, ofrezco este libro a todas las plantas medicinales del mundo.

También quiero ofrecerte este libro a ti, bebedor de infusiones Pukka. Deseo que encuentres las hierbas adecuadas que te ayuden a florecer.

Y para terminar, expreso mi agradecimiento a todas las personas que han hecho posible que me convierta en vehículo para compartir la sabiduría de nuestros antepasados sobre las plantas: a Susie y Emerson, por su tenaz sentido del humor y sabiduría iluminadora; a todos los componentes de Pukka Herbs, por su destacable conocimiento, entusiasmo y visión; a Tim, por su compromiso con la causa; a Fox, por sus observaciones creativas; y a Suresh de Sprung Sultan, por su orientación. También a la editorial y a su fantástico equipo de diseñadores, fotógrafos y revisores, por colaborar en la realización del proyecto.

Sebastian Pole cofundó Pukka Herbs en 2001. Es portavoz global del ayurveda, el cultivo ecológico y los remedios a base de hierbas. Es profesional cualificado en medicina ayurvédica, medicina tradicional china y herboristería occidental, además de profesor titulado de yoga y terapeuta.

Es autor de *A Pukka Life* y *Ayurvedic Medicine*.

31901064602412